MERIAN *live!*

W0063795

Korea

Dr. Renate Soeder ist Ostasienwissenschaftlerin,
Studienreiseleiterin und Kulinarikexpertin. Seit 1980
ist sie auf den Straßen und Märkten Asiens unterwegs.
Jan Janowski reiste seit 2002 nach Korea und zog im
Jahr 2007 nach Seoul.
Für diese Auflage wurde der Reiseführer von
Peter Messingfeld und **Marcus Pfeiffer** aktualisiert.

Preise für ein Doppelzimmer:

€€€€ ab 200 €   €€ ab 50 €
€€€ ab 100 €   € bis 50 €

Preise für ein Hauptgericht:

€€€€ ab 20 €   €€ ab 5 €
€€€ ab 10 €   € bis 5 €

Inhalt

◄ Bizarr geformte Felsen, ein kleiner Pavillon, der Morgennebel liegt noch auf dem Wasser. Auf dem Land zeigt sich das hypermoderne Korea von seiner traditionellen Seite.

Unterwegs in Korea 32

Wissenswertes über Korea 126

✳ Karten und Pläne

Willkommen in Korea – dem

»Land der Morgenstille«, das längst erwacht ist. Meditative Ruhe und geschäftiges Treiben, das ist der spannende Kontrast, den Korea wie kein anderes Land zelebriert.

Eine Gruppe von Rentnern im Seniorenzentrum des Viertels Hongdae diskutiert wild über die jüngste Entwicklung der Kohlkopfpreise, während draußen vor der Tür betont finster dreinblickende Punker ihre neuesten Nietenklamotten zur Schau stellen. Direkt daneben trommeln rastalockige Kunststudenten auf ihren Bongos und werden von gestriegelten Geschäftsleuten angefeuert, die nach Dienstschluss ein wenig an deren Ausgelassenheit teilhaben möchten. Und es wäre nicht Hongdae, wenn die Rentner den Punks nicht noch ein Reisröllchen mit auf den Weg geben würden, weil sie ihre Zigarettenkippen ordentlich weggeschmissen haben.

Hongdae ist Seouls kreativstes Viertel und Seoul ein Meer aus Eindrücken, Farben, Düften und Tönen. Dabei bietet die Stadt wahre Oasen der Ruhe, wie sie so gar nicht in das Bild einer Metropole mit 11 Millionen Einwohnern passen mögen. Als hätten die Stadtplaner des Joseon-Reichs (1392–1910) gewusst, dass sich ihre auf dem Reißbrett geplante Hauptstadt in den nächsten 600 Jahren zu einer der angesagtesten Weltmetropolen überhaupt entwickeln würde, legten sie die Kapitale zwischen eine Reihe von Bergen und an den mächtigen Fluss Hangang. Was damals der Dynastie Glück bringen sollte, ist heute ein echtes Glück für die Bewohner der Stadt,

◄ Das Flüsschen Cheonggyecheon floss bis 2002 unterirdisch, heute ist es Entspannungsort und Bühne (► S. 37).

denn trotz des wuseligen Betonchaos sind Erholung und Ruhe nie fern: Von keinem Punkt der Stadt muss man länger als 20 Minuten fahren, um zu einem Fluss oder Berg zu kommen und dort Entspannung zu finden.

Bewegt man sich doch einmal aus der Stadt heraus – was viele Besucher wegen der unzähligen Attraktionen leider gar nicht schaffen – scheint sich das Leben insgesamt zu entschleunigen. Ruhige Dorfszenen, beschauliche Täler, ab und an fliegt ein Kranich über die saftig grünen Reisfelder. Das Hektischste, was man sieht, ist vielleicht ein Streifenhörnchen, das in einem der vielen Nationalparks über den Weg huscht. Hier sieht Korea oft noch aus wie in einem leicht kitschigen Prospekt; doch nirgends braucht man auf Internet und den Morgenkaffee zu verzichten. Selbst im abgelegensten Tal sieht man Wandermönche ihr Smartphone zücken und die aktuellen News checken.

Ruhe und Natur werden in Korea hochgeschätzt, aber immer nur für kurze Zeit, bevor man sich wieder ins volle Leben stürzt. Nicht von ungefähr wird gescherzt, Korea sei das größte 24-Stunden-Kaufhaus der Welt, und standhaft hält sich die augenzwinkernde Legende, dass wenn man in einer der vielen unterirdischen Einkaufspassagen Seouls falsch abbiegt, man direkt am anderen Ende des Landes in Busan landet.

Geschlafen wird später

Korea ist einfach ein Land, das seinen eigenen Rhythmus hat. Während in Seoul um 5 Uhr morgens der alte Tag weder in den Clubs von Hongdae noch auf dem Nachtmarkt von Dongdaemun zu Ende gehen will, beginnt in den zahlreichen Tempeln des Landes bereits der neue Tag mit andächtigem Gesang. Zur gleichen Zeit führen die Schamanen am Berg Inwangsan die ersten Rituale durch, trottet eine müde, schweigende Schlange aus Touristen die Stufen am Sonnenaufgangsfelsen der Insel Jeju hoch, um auf diesem wunderbaren Felsplateau die Sonne über dem Pazifik aufgehen zu sehen, während die Tintenfischerboote an der Ostküste in die malerischen kleinen Häfen zurückkehren, um ihren Fang auszuladen.

Korea ist hip

Das Land der Morgenstille ist im wahrsten Sinne des Wortes hellwach, und in vielen Teilen der Welt hat man das längst mitbekommen. Während wir in deutschsprachigen Ländern Fernseher, Computer, Handys und Autos aus Korea benutzen, oft ohne das überhaupt zu bemerken, ist in vielen anderen Ländern auch das Fernsehprogramm »made in Korea«, denn Koreas Popkultur ist hip.

Diese wandelbare, dynamische Kraft Koreas speist sich aus der Neugier und Offenheit seiner Menschen. Da kann man zum Beispiel auf dem Land staunend an einer hochtechnisierten Bushaltestelle stehen und versuchen, die nächste Abfahrtszeit herauszufinden. Ein Großvater, der wahrscheinlich noch hungernd und frierend den Koreakrieg überstehen musste, mustert den grübelnden Westler belustigt und sagt schließlich mit einer lässigen Geste Richtung Bildschirm: »You not know touchscreen? Very easy, I help you!« Ob jung oder alt – Korea empfängt Sie mit offenen Armen.

MERIAN-TopTen
MERIAN zeigt Ihnen die Höhepunkte des Landes: Das sollten Sie sich bei Ihrem Besuch in Korea nicht entgehen lassen.

 Olle-Pfade auf Jeju-do

Auf schmalen Wegen geht's durch echte Urwälder, über weite Pampasgrasflächen und an dramatischen Küstenformationen der Insel entlang (▶ S. 21).

 Gyeongbokgung-Palast in Seoul

Von den fünf alten Palästen der Hauptstadt ist der Gyeongbokgung der wichtigste. In mehreren Kriegen zerstört und zweckentfremdet, ist er inzwischen größtenteils rekonstruiert (▶ S. 39).

 DMZ

Die Entmilitarisierte Zone markiert die Trennung von Nord- und Südkorea, der Krieg dauert offiziell immer noch an (▶ S. 51).

 Hwaseong-Festung in Suwon

Der kilometerlange Festungswall, im 18. Jahrhundert als Hauptstadt geplant, gehört zum UNESCO Weltkulturerbe (▶ S. 55).

 Seoraksan-Nationalpark

Ein Felsenmeer mit zackigen Gipfeln – der Seoraksan ist Koreas schönster Nationalpark. Im Sinheungsa-Tempel steht ein großer Bronzebuddha mit imposanter Flammenmandorla (▶ S. 65).

 Hahoe und Yangdong

Die jahrhundertealten Dörfer haben ihre Ursprünglichkeit bewahrt und wurden 2010 ins UNESCO Weltkulturerbe aufgenommen (▶ S. 88, 102).

7 Busan

In der zweitgrößten Stadt des Landes treffen sich Kommerz, Kultur und Geschichte. Busan ist aber auch die Sommerhauptstadt Koreas (▶ S. 89).

8 Haeinsa-Tempel

Aus unglaublichen 81 258 doppelseitigen, hölzernen Druckplatten aus dem 14. Jahrhundert besteht der Tripitaka koreana, der buddhistische Kanon. Hier wird er aufbewahrt (▶ S. 97).

9 Gyeongju

Die »Goldene Festung« war fast ein Jahrtausend Hauptstadt des Landes. 250 Sehenswürdigkeiten sind hier versammelt (▶ S. 98).

10 Altstadt von Jeonju

Von der Industrialisierung verschont, stehen in Jeonju noch über 800 der traditionellen »Hanok«-Häuser, in denen man unter anderem die beliebte regionale Küche probieren kann (▶ S. 112).

MERIAN-Tipps Mit MERIAN mehr
erleben. Nehmen Sie teil am Leben des Landes und entdecken Sie Korea, wie es nur Einheimische kennen.

 Templestay im Mihwangsa

Ein Tempelaufenthalt ist eine außergewöhnliche Erfahrung. Besonders schön gelegen ist der Mihwangsa (▶ S. 13).

 Cittaslow Hadong

Die Slow-City-Bewegung ist in Korea angekommen. Hadong ist nicht nur selbst sehenswert, in der Umgebung liegt das Jirisan-Gebirge, Heimat des wilden grünen Tees (▶ S. 19).

 Fringe Festival & Viertel Hongdae in Seoul

Das kreative Viertel um die Uni Hongik feiert sich alljährlich mit verrückten Performances und ausgefallenen Ideen (▶ S. 25).

 Dragon Hill Spa in Seoul

Spa auf Koreanisch: Sauna, Fitness, Massage, Schwimmbäder, alles riesengroß und in ausgelassener Stimmung (▶ S. 39).

 Gwangjang-Markt in Seoul

5 000 Stände, resolute Marktfrauen, eine gigantische Schlemmergasse und immer was los – das »echte« Seoul (▶ S. 40).

 Inwangsan-Wanderung

Mitten in der City liegt dieser Berg mit dem aktivsten Schamanenheiligtum Koreas. Mit ihren markanten Felsen und knorrigen Kiefern ist die Landschaft ein reizvoller Kontrast zur Stadt (▶ S. 41).

Unterwegs mit einem Goodwill Guide

Rentner, Studenten, Hausfrauen und andere mit Fremdsprachen-kenntnissen führen Besucher durch ihr Korea – das kostet nicht einmal etwas (▶ S. 45).

Insel Ulleung-do

Weit draußen im Meer liegt diese kleine Insel, die wie die Kulisse in einem Piratenfilm wirkt (▶ S. 71).

Jirye-Künstlerdorf

Schöngeist Kim Won-gil hat zwölf alte Häuser vor einem Stausee-projekt gerettet und daraus eine Pension gemacht, in der Besucher an kulturellen Aktivitäten teilneh-men können (▶ S. 88).

Bambus & traditionelle Süßig-keiten aus dem Südwesten

Die Stadt Damyang zelebriert ihre Bambuskultur in unzähligen Läden und einem Festival; die speziellen, ökologisch einwand-freien Süßigkeiten gibt's in Changpyeong (▶ S. 108).

Zu Buddhas Geburtstag werden in allen
Tempeln des Landes bunte Lampions
aufgehängt (▸ S. 25).

Zu Gast **in Korea**

Korea-Besucher haben die Wahl zwischen hochmodern und zutiefst traditionell – ob im Spitzenhotel oder beim Templestay, am Straßenimbiss oder bei regionalen Spezialitäten, in der Shopping Mall oder im Künstlerdorf.

Übernachten

Gastlichkeit ist in Korea eine der traditionellen Tugenden; heute zeigt sie sich in vielfältigen Formen. Koreabesucher haben die Wahl: Hotel oder Hanok? Oder vielleicht ein paar Tage im Tempel wohnen?

◄ Bei einem Templestay (► MERIAN Tipp diese Seite) nehmen die Gäste am täglichen Leben der Mönche teil.

Alle großen Hotelketten sind in Korea vertreten. Am exklusivsten sind The Shilla, das Park Hyatt und das W in Seoul (► S. 46). In den letzten Jahren haben aber auch außerhalb von Seoul, Gyeongju, Busan und Jeju hochklassige Häuser eröffnet, die jedoch oft etwas teurer sind als im Ausland. Außerhalb der Hauptpreiszeit gibt es teils kräftige Preisnachlässe. Gerade an den Küsten und auf der Insel Jejudo entstehen immer mehr klassische Resorts mit allen Annehmlichkeiten. Staatlich geprüfte Hotels listet die Website www.benikea.com.

Ondol-Zimmer

Stimmungsvoller übernachtet man in wunderbar renovierten oder neu gebauten Herbergen im traditionellen Stil in »Hanok«-Häusern, insbesondere in und um Gyeongju und Andong (► trad. Dörfer Hahoe und Yangdong S. 88/102, Jirye S. 102). Auch in Seouls Altstadt (► Bukchon S. 36) gibt es eine Reihe dieser Häuser in unterschiedlichsten Preis- und Komfortklassen. Zimmer im traditionellen Stil – sogenannte »Ondol«-Zimmer – mit der koreanischen Fußbodenheizung »Ondol«, mit Futon statt Bett und mit koreanischen Möbeln finden sich auch häufig in normalen Hotels.

Motels

Die wohl üblichste Unterkunftsmöglichkeit in Korea ist das Motel. Viele Motels findet man zum Beispiel in der Nähe von Busbahnhöfen und Zugbahnhöfen in größeren Städten. So sind diese nicht nur leicht zugänglich, sondern auch vergleichsweise kosten-

MERIAN-Tipp

TEMPLESTAY IM MIHWANGSA
► S. 153, D 18

In alter Zeit fanden Pilger in kleinen, einfachen Tempelherbergen Schutz. Die heutigen Templestay-Programme bieten je nach Ausrichtung noch viel mehr: eine Allround-Einführung in das buddhistische Tempelleben mit Meditation, Teezeremonie, Kampfsport und anderer körperlicher Ertüchtigung oder einfach mit viel Ruhe. Absolut empfehlenswert ist das Programm des Tempels Mihwangsa. Die Lage an einem Berghang unter einem dramatischen Felsplateau ist atemberaubend, die Tempelgebäude sind wunderschön, die Unterkünfte modern und angenehm. Wer nicht so viel Zeit hat, dem seien die Templelife-Nachmittage im Tempel Bongeunsa in Seoul ans Herz gelegt.
164 Mihwangsa-gil, Songji-myeon Haenam-gun • Tel. 061-533-3521 • www.mihwangsa.com
Übersicht Templestay-Programme: www.templestay.com

günstig. Die Korea Tourism Organization (KTO, ► Reisepraktisches von A–Z, S. 136) garantiert für die Qualität solcher Unterkünfte, die mit dem offiziellen KTO-Gütesiegel »Goodstay« ausgezeichnet sind.

Empfehlenswerte Hotels und andere Unterkünfte finden Sie bei den Orten im Kapitel ► Unterwegs in Korea.

Preise für ein Doppelzimmer:

€€€€	ab 200 €	€€	ab 50 €
€€€	ab 100 €	€	bis 50 €

Essen und Trinken
Koreas Küche ist von kräftigen Geschmacksnoten geprägt und doch ausgewogen. Angestrebt wird stets die Harmonie von salzigen, scharfen, süßen, bitteren und sauren Elementen.

◄ »Kimchi«, scharf eingelegter Kohl, gilt praktisch als kulinarisches Synonym für Korea (► S. 16).

Eine der wichtigsten Zutaten der koreanischen Küche ist – Zeit. Zeit, die man sich auf einer Reise nehmen sollte, um möglichst viele Spielarten der Cuisine kennenzulernen, aber auch Zeit, die sich jeder selbst geben sollte – denn die koreanische Küche ist reich an kräftigen Geschmacksrichtungen, die manchen Nicht-Asiaten zunächst überfordern mögen.

Nahrung für den Geist

Wie auch anderswo in Asien verbreitet, gilt den Koreanern Essen nicht nur als körperlicher Treibstoff, sondern auch als Nahrung für Geist und Seele. Aus diesem Grund wird bei traditionellen Gerichten eine Harmonie auf mehreren Ebenen angestrebt: Ein Gericht ist ästhetisch anzusehen, wenn die Farben, die wiederum auf den fünf Grundelementen basieren, aufeinander abgestimmt sind; ebenso sind es die Nährstoffe und die Aromen salzig, scharf, süß, bitter und sauer, die immer allesamt vorkommen sollen.

Klassische Gewürze der koreanischen Küche sind Sojasoße, Sesamöl, die rote Chilipaste »Gochujang«, die braune Sojabohnenpaste »Doenjang«, Knoblauch, Ingwer und Lauch. Um eines werden und dürfen Besucher nicht herumkommen: »Kimchi«, die mittlerweile international bekannte Spezialität aus eingelegtem Chinakohl und rotem Chilipulver. »Kimchi« wird zu so gut wie jeder Mahlzeit serviert.

Gerichte, die dem westlichen Gaumen möglicherweise eher entgegenkommen als »Kimchi«, sind »Galbi« und »Bulgogi«: »Galbi« sind marinierte Rinderrippen und »Bulgogi« hauchdünne, marinierte Rindfleischscheibchen. Die Marinade ist in beiden Fällen würzig, aber nicht besonders scharf. »Galbi« und »Bulgogi« werden oft direkt am Tischgrill zubereitet.

Weitere beliebte Gerichte sind »Bibimbap« (Reis, verschiedene Gemüsearten und Ei, die je nach Vorliebe mit roter Chilipaste gemischt werden), »Doenjangjjigae« (Gemüseeintopf mit fermentierter Bohnenpaste), »Naengmyeon« (Nudeln in kalter Brühe; ein beliebtes Sommergericht), und »Samgyetang« (gekochtes, u. a. mit Ginseng und Reis gefülltes Huhn, das in der Brühe serviert wird).

Die typischen Bestandteile einer koreanischen Mahlzeit sind Reis, Suppe und eine je nach Restaurant und Gericht variierende Anzahl von Beilagen. Jeder am Tisch bekommt eine Portion Reis, Suppe, Löffel und Stäbchen, während die Eintöpfe, Fleisch- oder Fischgerichte und Beilagen in der Tischmitte stehen; jeder bedient sich direkt aus dem jeweiligen Topf bzw. Schälchen. Man isst immer mit dem Löffel oder mit den Stäbchen und hält die Schüssel oder den Teller nicht in der Hand. Wer fertig ist, legt Stäbchen und Löffel auf den Tisch. Eine Schere wird oft ebenfalls gereicht; sie dient dazu, große Fleischstücke oder Nudeln zu zerkleinern.

Gemeinsam essen

Die Koreaner sind der Meinung, dass es geselliger ist, wenn man Hauptgerichte und Beilagen gemeinsam aus einer Schüssel isst. Bevorzugt man jedoch einen eigenen Teller, kann man im Restaurant ruhig darum bitten – falls nicht ohnehin jeder sein Gedeck bekommt. Früher war es verpönt, während des Essens viel zu sprechen, im modernen Korea wird im Restaurant und am Esstisch aber munter diskutiert.

Kimchi

Weil er so wichtig ist, noch ein Wort zum »Kimchi«. Der Begriff steht überwiegend für fermentierten Kohl, es können aber auch viele andere Gemüsearten gemeint sein. In alten Zeiten war der lange haltbare »Kimchi« ein wichtiger Ersatz für frisches Gemüse während des langen Winters. Auch heute noch legen koreanische Hausfrauen große Kimchi-Vorräte für den Winter an. Entstanden ist die heute meist gegessene Variante »Tongbaechu Kimchi« – scharf eingelegter Chinakohl – übrigens erst nach der Einführung von roten Chilischoten aus Portugal im 17. Jh. Davor wurde in erster Linie wässriger und salziger Rettich gegessen, der auch heute noch

gerade im Sommer als erfrischende Beilage gereicht wird. Dies sind nur zwei von über 160 Sorten »Kimchi«, von denen jeder Reisende mit Sicherheit zahlreiche probieren wird.

Traditionelle Süßspeisen

»Hangwa« sind hübsche kleine Süßigkeiten. Sie werden oft zusammen mit Tee oder anderen traditionellen Getränken serviert und gelten als gesunde Zwischenmahlzeit oder stilvolles Dessert. Schön verpackte Geschenkkörbe mit »Hangwa« eignen sich hervorragend als Geschenke und werden v. a. von älteren Menschen als Aufmerksamkeit geschätzt. »Hangwa« sind in darauf spezialisierten Geschäften zu haben, aber auch in größeren Kaufhäusern. »Yakgwa« sind die süßesten »Hangwa« aus frittiertem Honigteig (Mehl, Honig, Se-

Neben Reis gehört eine Suppe zu fast jeder koreanischen Mahlzeit.

samöl und Wein), die sogar nochmal in einen Honig-Dip getunkt werden. »Tteok« ist ein aus Reismehl hergestellter Kuchen. Er wird zu Geburtstagen und Hochzeiten zubereitet, ist aber auch fester Bestandteil der Ahnenverehrungszeremonien. In letzter Zeit gibt es immer mehr »Tteok«-Cafés, die sich dem Trend des Kaffeetrinkens entgegenstemmen und in denen man traditionelle Reiskuchen und Tees genießen kann. Dort kann man auch beliebte traditionelle Erfrischungsgetränke wie »Sikhye« (süßlicher Reispunsch) oder »Sujeonggwa« (Zimtpunsch) probieren.

Tee

Grüner Tee wurde in Korea erstmals zur Zeit des Silla-Reichs während der Herrschaft von Königin Seondeok (reg. 632–647) eingeführt. Buddhistische Mönche tranken ihn zur Kultivierung des Geistes. Während der Goryeo-Dynastie (918–1392), einer Blütezeit des Buddhismus, wurden im Rahmen der buddhistischen Praxis Teegedichte geschrieben und »Dado«, das Protokoll für das Zubereiten, Servieren und Genießen von Tee, entwickelt. Diese koreanische Teezeremonie kann man auch heute noch lernen.

Nach dem vorübergehenden Siegeszug des Kaffees setzen gesundheitsbewusste Koreaner heute wieder vermehrt auf Tee. Beliebte Sorten sind »Nokcha« (Grüner Tee), Früchtetees wie »Maesilcha« (Tee von der japanischen Aprikose), »Yujacha« (Bergamottzitronentee), »Omijacha« (Tee aus der Frucht der Schisandra chinensis) und solche Tees, die eng mit der traditionellen Heilkunst in Verbindung stehen, wie »Insamcha« (Ginsengtee), »Daechucha« (Jujubentee) und »Saenggangcha« (Ingwertee).

Alkoholisches

Traditionelle alkoholische Getränke werden aus Reis, Getreide oder Süßkartoffeln mit geknetetem Weizenmalz hergestellt. Sie werden nach Reinheitsgrad, Alkoholgehalt, destilliert oder nicht destilliert und den verwendeten Zutaten in fünf Arten eingeteilt: »Yakju« (destillierter, unversetzter Alkohol auf Reis-Basis), »Soju« (destillierter Alkohol), »Takju« (dickflüssiger, gegorener Alkohol auf Getreidebasis), Fruchtweine und medizinisch wirksame Weine aus verschiedenen Samen und Wurzeln.

Jede Art umfasst eine Vielzahl von Unterarten. Der bekannte »Cheongju« z. B. ist ein »Yakju« und der populäre »Makgeolli« ist ein »Takju«. Aus Azaleen, Pflaumen, Quitten, Kirschen und Granatäpfeln werden beliebte Fruchtweine gekeltert. »Insamju«, Ginsengwein, gehört zu den medizinisch wirksamen Getränken.

Straßenimbisse

Es lohnt sich durchaus, sich an die leckeren Gerichte, die überall an der Straße angeboten werden, zu wagen. »Pojangmacha« sind Imbisse auf Rädern und verkaufen z. B. »Tteokbokki«, das sind Reiskuchenwürstchen mit scharfer Chilisoße. »Eomuk« werden aus Fischteig, Gemüse und Weizenmehl hergestellt, auf Spieße gesteckt und in Brühe gekocht. Ebenfalls am Spieß gibt es Hühnchenstücke in süß-scharfer Sauce.

Empfehlenswerte Restaurants finden Sie bei den Orten im Kapitel ▶ **Unterwegs in Korea**.

Preise für ein Hauptgericht mit Reis und Beilagen:

€€€€ ab 20 €	€€ ab 5 €
€€€ ab 10 €	€ bis 5 €

grüner
reisen

Wer zu Hause umweltbewusst lebt, möchte dies vielleicht auch im Urlaub tun. Mit unseren Empfehlungen im Kapitel grüner reisen wollen wir Ihnen helfen, Ihre »grünen« Ideale an Ihrem Urlaubsort zu verwirklichen und Menschen zu unterstützen, denen ein verantwortungsvoller Umgang mit der Natur am Herzen liegt.

Grünes Wachstum, grüne Welle

Noch Anfang der 1960er-Jahre war scheinbar alles »grüner« in Korea. Die meisten Menschen lebten in kleinen Strohhütten in solidarischen Gemeinschaften. Wenn man Sorgen hatte, ging man zum Schamanen. Bei guter Ernte tanzte und musizierte man. Allerdings waren gute Ernten selten, die Sorgen aber allgegenwärtig. Das Bild vom armen, aber glücklich mit der Natur verbundenen koreanischen Bauern ist romantisch überhöht, vermutlich gab es ihn nie. In der Diktaturzeit wurde alles Traditionelle als rückständig bekämpft. Während es wirtschaftlich bergauf ging, verlor das Land an Charakter: Strohdächer wurden durch Wellblech ersetzt, Steinmauern durch Beton, der Schamane durch den christlichen Geistlichen.

Im Zuge der Demokratisierung Ende der 1980er-, Anfang der 1990er-Jahre begann dann erneut ein Umdenken: Der Schutz von ursprünglichen Lebensweisen und der Erhalt traditioneller Kunstformen rückte wieder in den Fokus. Heute kann man die wunderbaren Landschaften Koreas im traditionellen Sinne ökologisch erleben, ohne dabei auf modernen Komfort verzichten zu müssen.

SEHENSWERTES
Cittaslow – lebensberuhigte Zonen

Die Koreaner sind ein pragmatisches Volk, und so hat man die aus Italien stammende Cittaslow-Bewegung, auf Englisch Slowcity, schlichtweg importiert. Inzwischen sind acht Gemeinden in dieser wachsenden, ökologischen Prinzipien verpflichteten Bewegung beigetreten. Man stellt dabei die lokale Spezialität und Lebensweise heraus, etwa den Apfelanbau in Yesan oder die Kiefernpilzzucht in Yuchi. Cittaslow soll nämlich nicht nur bewahren, sondern durchaus auch behutsam entwickeln; es sollen keine Museumsdörfer entstehen, sondern gesunde Gemeinschaften, die sich ihrer Tradition bewusst sind.

Changpyeong (▶ S. 148, C 12) ist eine traditionelle Dorfgemeinschaft, völlig frei von Ketten oder Filialen großer Unternehmen. Sie liegt im Kreis Damyang und ist z. B. mit dem Bus 303 vom Hbf Gwangju in 30 Min. erreichbar.

Mitten im Dadohae-Meeresnationalpark scheint die Insel **Cheongsando** (▶ S. 153, E 18) von der Welt vergessen worden zu sein. Das Gelb des Rapses und das Grün der Getreidefelder leuchten um die Wette, getrennt von den charakteristischen Steinmauern, die sich über die Insel schlängeln. Von Gwangju aus fährt ein Expressbus nach Wando, von dort eine Fähre nach Cheongsando.

1 004 Inseln liegen im Kreis Sinan, und eine davon ist die landschaftlich reizvolle **Jeungdo** (▶ S. 148, A 12). Die traditionelle Taepyong-Salzfarm, eine der größten Asiens, produziert ökologisch einwandfrei, wovon man sich in einem Mitmachprogramm überzeugen kann. Erkundet werden kann die Insel

---

MERIAN -Tipp

CITTASLOW HADONG (하동)
▶ S. 150, B/C 15

Hadong verbindet die Nähe zu den Wanderwegen des **Jirisan-Gebirges** mit der reichen Geschichte des koreanischen wilden Grüntees. Die Teefelder, die sich an die Berghänge schmiegen, werden nur vom mächtigen Fluss Seomjingang unterbrochen, dessen Uferstraße im April von einem üppigen Kirschblütendach überspannt ist. Lohnend sind insbesondere ein Besuch des Markts in **Hwagae** (▶ S. 117), einem der geschichtsträchtigsten Koreas, mit vielen regionalen Bioprodukten, und des Tempels **Ssanggyesa** (▶ S. 116), der Wiege der koreanischen Teekultur. Wer den von den Mönchen selbst angebauten Wildtee kauft, trägt damit zum Erhalt dieser bedeutenden Tempelanlage bei.

Vom Seoul Nambu Bus Terminal (▶ Klappe hinten, d 5) mit dem Bus nach Hadong • 8 Mal tgl. • Dauer 4 Std. 30 Min.

---

mit einem kostenlosen Leihfahrrad, das von der Gemeinde gestellt wird. Nach Jeungdo gelangt man von Mokpo aus mit dem Bus nach Jido und von dort mit der Fähre zur Insel.

Allgemeines: www.cittaslow.kr

Suncheonman (순천만)
▶ S. 150, B 15

Die Bucht **Suncheonman** mit ihrer grandiosen Schönheit und ihrem faszinierenden Artenreichtum gilt als eines der bedeutendsten Küstenmarschgebiete der Welt. Es ist Mitglied der Ramsar-Konvention und

des UN-Umweltplans. Es besteht aus einem Wattenvorland, schier unendlichen Schilffeldern und einem poetisch geschwungenen Wasserweg. Den besten Ausblick hat man von der Felsklippe, zu der ein Wanderweg hinaufführt. Ebenso sehenswert ist die exzellente Ausstellung im Umweltobservatorium Suncheonman, direkt am Eingang zu den Schilffeldern. Tipp: Den Wasserlauf per flachem Ausflugsboot erkunden und dabei noch mehr Vogel- und Tierarten entdecken.
tgl. 8 Uhr–Sonnenuntergang, an trad. Feiertagen geschl. • 5 000 Won

Upo (우포늪) ▶ S. 149, F 11
Nicht weniger sehenswert und ebenfalls Ramsar-Mitglied sind die Sümpfe von **Upo**, ein Gebiet, das mit den typischen flachen Holzbooten der Region erkundet werden kann; die Sonnenauf- und -untergänge sind ein fantastisches Naturschauspiel. Auch hier lohnt ein Besuch der Ausstellung im angeschlossenen Öko-Pavillon.
http://eng.upo.or.kr • 9–18 Uhr, Mo und Neujahr geschl. • Öko-Pavillon 2 000 Won

ÜBERNACHTEN
Templestay – Buddhas Lehre leben

Man sollte belastbar sein, wenn man einen Templestay (▶ MERIAN-Tipp, S. 13) mitmachen möchte, denn er ist weit mehr als nur eine Übernachtungsmöglichkeit. Nicht nur das zeitige Aufstehen und die bei vielen Programmen zum Tagesablauf gehörende körperliche Arbeit sind anstrengend, auch die intensive Beschäftigung

Auf den »Olle« genannten Wanderpfaden kann man die Insel Jeju-do zu Fuß erleben. Der Ausblick auf Meer und Küstenformationen ist oft grandios.

und Begegnung mit dem eigenen Ich dürfte insbesondere für Anfänger ein zwar bereicherndes, aber ebenso verstörendes Erlebnis sein. In Tempeln gibt es häufig etwas, das man sonst in Korea vergeblich sucht: die absolut vegetarische, oft sogar vegane Küche der Tempelkost Baru Gongyang. Verschiedene Kräuter und Salate mit Reis gemischt werden als Mahlzeit gereicht. Wichtig ist, dass jeder nur exakt so viel in seine Schale nimmt, wie er auch aufessen kann – die Schale muss am Ende völlig geleert werden, damit keine Abfälle entstehen.

Templestay-Informations-zentrum ▶ Klappe vorne, c 2

Gegenüber dem Jogyesa gibt es ein Restaurant mit vegetarischer Bio-Kost, ein Café, einen buddhistischen Buchladen und alles, was man für die Planung eines Templestays benötigt. 56 Ujeongguk-ro, Jongno-gu, Seoul • U-Bhf Anguk, Ausgang 6 • Tel. 02-20 31-2000 • www.templestay.com • tgl. 9–18 Uhr (Infozentrum)

AKTIVITÄTEN
Olle-Pfade auf Jeju-do
▶ S. 152/153,C–E 20

»Olle« sind in der Sprache der Inselbewohner kleine Pfade, die meist von den größeren Straßen bis zu den etwas im Hinterland befindlichen Wohnhäusern führen. Auf Hochkoreanisch klingt dieses Wort, als würde man fragen »Magst Du herkommen?« – »Natürlich!« möchte man antworten, denn die Mischung aus traditionellem Dorfleben und UNESCO-Weltnaturerbe ist äußerst reizvoll.

Trotzdem hält sich die Zahl der Wanderer auf den abgelegeneren Teilstrecken in Grenzen und man hat trotz des Wanderbooms in Korea nie das Gefühl, auf einer Pilgerabfertigungsstelle wie dem Jakobsweg zu sein. Stattdessen erlebt man echte Urwälder, weite Pampasgrasflächen und dramatische Küstenformationen, und zwar sehr viel eindringlicher als bei einer Fahrt mit dem Mietwagen, dem noch immer am Weitesten verbreiteten Fortbewegungsmittel für Besucher auf der Insel Jeju.

Die Routen schließen aneinander an, sodass man, wenn man alle Wege entlangwandert, gut zwei Drittel der Küste der Insel gesehen hat – was jedoch wirklich gute Kondition erfordert. Selbst die Einzelrouten 11 und 4 sind mit jeweils über 20 km Länge nicht für jedermann geeignet. Für Anfänger ist die Route 1 der sicherste Tipp, allerdings ist hier auch am meisten los. Vorsicht bei Route 9; sie ist zwar mit 8 km Länge sehr kurz, aber durch das viele Auf und Ab ziemlich anstrengend.

Die Wege sind dezent mit blauen Pfeilen auf Mauern und Steinen bzw. blau-gelben Schleifen an Bäumen und Büschen gekennzeichnet. Mai, Juni, September und Oktober gelten als die besten Monate für eine Wanderung, da es im Hochsommer zu heiß wird und die Sonne auf Jeju sehr intensiv brennt. Neuerdings erkunden aber auch zur Winterzeit viele Wanderer die Insel; Jeju ist eine der wenigen tropischen Inseln mit Schneefall.

Noch immer werden jedes Jahr neue Küstenabschnitte und weitere Bereiche des Landesinneren im Rahmen des Olle-Projekts für Wanderer erschlossen. Informieren Sie sich am besten auf der Website über den neuesten Stand der Routen. Auch zum Downloaden! www.jejuolle.org (kleine Schaltfläche »English« ganz oben auf der Seite)

Einkaufen Die riesigen Shopping Malls sind ein Erlebnis für sich, Mitbringsel findet man eher in kleineren Läden. Zu den Klassikern gehören Tee und Teezubehör, Keramik und Papier oder auch Gesundes wie Ginseng.

▶ Produkte aus Keramik und »Hanji«, dem koreanischen Papier, findet man in Werkstätten wie in Souvenirshops.

Wer vor seiner ersten Koreareise darüber nachdenkt, was er als Souvenir mitbringen möchte, dem fällt spontan wohl nichts ein – anders vielleicht als bei asiatischen Ländern wie Thailand, Vietnam oder China. Vor Ort fällt dann zunächst die Modernität auf. Aber ist wirklich alles wie bei uns? Natürlich täuscht der erste Eindruck. Bei den **Shopping Malls** mit den globalen Ketten, egal ob Luxus- oder Sparklasse, geht es weniger um die Waren, sondern um Erlebnisshoppen, und dazu lohnt sich ein Besuch der Einkaufszentren. Beeindruckend ist auch ein Einkaufsbummel spätnachts durch die Abertausende von **Lädchen** im Seouler Bezirk **Dongdaemun**. Flaneure und Fotografen sind von den alten **Märkten** entzückt, die es in jeder Stadt gibt.

Anders als **vor 30 Jahren sieht man** heute nur **noch selten Menschen in** traditioneller **Kleidung im Straßen**bild, doch bei förmlichen Anlässen wie Hochzeiten wird der »Hanbok« gern getragen. Spezielle Läden dafür gibt es in Märkten und in besonderen Straßen. Sie verkaufen auch die kräftig bunten Stoffe, Borten und Accessoires. Seide ist in Korea selten und teuer. Weiter verbreitet ist Ramie, das dem Leinen ähnelt. Legere Anzüge aus Baumwolle mit folkloristischen Knebelverschlüssen und Pumphosen werden gerne von Frauen beim Tempelbesuch getragen und passen zum schlichten, naturnahen Zen-Stil.

Tempelläden verkaufen in erster Linie Devotionalien, aber auch manches für die Teezeremonie, deren Hüter die Mönche waren. Hier findet man eine große Auswahl an Räucherstäbchen mit zartem Duft ähnlich den japanischen, nur wesentlich günstiger.

Keramik, Tee und Papier

In Korea gibt es viel **Keramik**, nicht nur das weltberühmte grünliche Seladon – von hochwertigen Kunstwerken aus der Künstlerwerkstatt bis zur Massenware im Souvenirshop. **Teegeschirr** wird oft in Teehäusern und -handlungen verkauft, das meiste ist von rustikalem Charakter. **Tee**, also schwarzer oder grüner Tee, ist für Europäer gleichbedeutend mit Asien, doch in Korea werden mehr Kräuter- und Früchtetees getrunken. Einheimischer grüner Tee eignet sich als Mitbringsel für Kenner, denn er schmeckt zurückhaltend und ist sehr teuer. Üblicher sind Kräutertees, die es auch in Aufgussbeuteln gibt.

Dekoratives im asiatischen Stil ist am ehesten in Antiquitätenläden zu erwerben, am besten in Seoul auf dem Dapsimni-Antikmarkt (▶ S. 48). Schön, vielseitig verwendbar und einfach zu transportieren ist das handgeschöpfte **Papier »Hanji«**, das man gut in den Fachgeschäften der Insadong von Seoul kaufen kann.

Ginseng wird seit Jahrtausenden in der Volksmedizin verwendet. Aus der Wunderwurzel werden nicht nur Extrakte, Instanttee und Schnaps hergestellt, es gibt auch feinduftende Seife und Kosmetika sowie aromatische Bonbons und Schokolade. Chili-Schokolade gibt es auch, sogar Seetang-Schokolade. Beides kann man natürlich auch ohne Schokolade kaufen, für die gesunde Küche.

Empfehlenswerte Geschäfte und Märkte finden Sie bei den Orten im Kapitel ▶ **Unterwegs in Korea.**

Feste und Events
Zu den klassischen Anlässen für Feierlichkeiten gehören religiöse Traditionen, gefeiert werden aber auch regionale Spezialitäten und Produkte wie Reis, Bambus und natürlich »Kimchi«.

◀ Zu Buddhas Geburtstag werden in Seoul riesige, fantasievolle Lampions und Laternen ausgestellt.

JANUAR
Forellen-Festival   ▶ S. 145, D 2

Nichts für Verfrorene: Eisfischen und sportliche Wettkämpfe auf dem zugefrorenen See in Hwacheon.

APRIL
Moseswunder-Festival
▶ S. 152, C 18

Die Ebbe fällt 6–7 m, und im Meer zwischen der Insel Jindo und einem südlich vorgelagerten Eiland entsteht eine 2,8 km lange, 40–60 m breite Teilung – ein Weltklasse-Naturspektakel.

Reiswein- und Reiskuchen-Fest
▶ S. 151, F 13

In Gyeongju wird die Herstellung vieler Reisköstlichkeiten vorgeführt, beim Stampfen des Klebreisteigs können die Besucher mitmachen – und von allem probieren.

MAI
Buddhas Geburtstag

Laien sowie Mönche und Nonnen hängen in den Tempeln farbige Lampions auf und feiern Buddhas Geburt. Seoul veranstaltet am Wochenende vor dem Geburtstag ein Festival mit einer Ausstellung von großen fantasievollen Laternen. Höhepunkt ist der Umzug: Zigtausend kostümierte Teilnehmer mit Laternen und Paradewagen ziehen durch die Innenstadt zum Tempel Jogyesa.
8. Tag des 4. Mondmonats

Heilkräuterfestival   ▶ S. 151, D 13

Das Fest des größten Heilkräutermarkts von Korea in Daegu thematisiert die Geschichte des Markts, das

---

MERIAN-Tipp   3

FRINGE FESTIVAL & VIERTEL HONGDAE IN SEOUL
▶ Klappe hinten, a 2

»Hongdae« bezeichnet die **Hongik-Universität**, die beste Kunsthochschule des Landes und Brennpunkt des gleichnamigen Szeneviertels. Wohl nirgends in Korea gibt es eine größere Dichte an jungen Kreativen mit ausgefallenen Geschäftsideen. Und wer kreativ ist, will auch feiern – so hat sich um Hongdae eine der angesagtesten Partylocations Asiens etabliert. Ob Techno, Hip-Hop oder koreanische Retro-Musik der 70er und 80er, für jeden Stil gibt es hier die passende Bar. Nachts und auch am Tag ist etwas los am **Noriteo**, dem »Spielplatz« am markanten Hauptgebäude der Universität, z. B. am Club Friday oder beim samstäglichen Kunst- und Krempelmarkt **Free Market**. Beim **Fringe Festival** feiert sich die Szene selbst: Fantastische Performances an jeder Ecke und die überbordende Kreativität und Vielfalt Hongdaes zeigen sich dort in konzentrierter Form. Ein Erlebnis! meist im August • U-Bhf Sangsu (Linie 6) und U-Bhf Hongik (Linie 2) • eng.seoulfringefestival.net

---

Wissen der traditionellen Medizin und die Herstellung der Arzneien. Interessant für die Besucher sind auch die kostenlosen Diagnosen – und ein Wettbewerb im Kräuterhacken.

Insadong-Festival in Seoul
▶ Klappe vorne, c 2–3

Fröhliches Straßenfest auf der berühmten Kulturmeile.

Tee-Festival ▶ S. 150, B/C 15

Alles rund um den Tee ist in Hadong (▶ MERIAN-Tipp, S. 19), am Ort des Ursprungs der koreanischen Tee-kultur, geboten: Demonstration der Herstellung des Wildtees, Verkostung von Teesorten, Unterricht in der Teezeremonie, Verkaufsausstellung von Teegeschirr und -zubehör.

MAI/JUNI
Dano-Festival ▶ S. 147, E 5

Früher war Dano mit Seollal (Neu-jahr) und Chuseok (Erntedank) eins der drei großen Feste, ist in den Städten aber in Vergessenheit geraten. Nur in Gangneung gibt es noch eine Vielfalt an schamanistischen und konfuzi-anischen Riten sowie Ringwettkämpfe, Schaukelspiele und Tänze. Um die Bühne erstreckt sich ein gewaltiger Festplatz, der an das Münchner Oktoberfest erinnert.

SEPTEMBER
Insam-Festival ▶ S. 146, B 8

In Geumsan: Volkstänze und -gesänge rund um den Ginseng und ein Markt mit allen Produkten aus der Wunderpflanze, dazu leckere Ginsenggerichte.

Internationales Maskenfest ▶ S. 147, D 7

Im Dorf Hahoe werden alte lokale Maskentänze und traditionelle aus aller Welt aufgeführt. Außerdem gibt es ein Feuerwerk mit althergebracht gefertigten Feuerwerkskörpern.

OKTOBER
Baekje-Kultur-Festival ▶ S. 146, A 8

Mit hundert Veranstaltungen in Buyeo und Gongju wird die Pracht des alten Reiches in seinen Hauptstädten wieder lebendig.

Busan Film Festival (BIFF) ▶ S. 151, F 15

Das schon seit 1996 stattfindende internationale Festival fördert den jungen asiatischen Film und ist mittlerweile weltweit hochgeachtet.

Hangeul-Tag

Der Tag erinnert an das von König Sejong im 15. Jh. geschaffene und statt der komplizierten chinesischen Schriftzeichen eingeführte Alphabet. 9. Oktober

Internationales Kampfsport-Festival ▶ S. 145, E 4

Die alte Kampfkunst Taekkyeon, Vorläufer des Taekwondo, soll wieder aufleben. Daneben wird in Chungju internationaler Kampfsport präsentiert.

Jagalchi-Fest ▶ S. 151, F 15

Meeresfrüchte-Schlemmerfest in Busan mit einer Parade in Fischkostümen, Volkstänzen und schamanistischen Riten der Fischer.

Kimchi-Fest ▶ S. 150, A 15

Zig Sorten von Kimchi werden bei diesem Fest in Gwangju zubereitet: zuschauen, anpacken und probieren.

Reis-Festival ▶ S. 145, D 3

Icheon, die Stadt mit dem besten Reis Koreas, zeigt alles um den Reisanbau und mit einer historischen Parade, wie das Getreide an den königlichen Hof nach Seoul gebracht wurde.

DEZEMBER
Weihnachten

Die Christen feiern Jesu Geburt, Nichtchristen regt Weihnachten eher zu lustigen Santaclaus-Ausflügen oder romantischen Kerzenlicht-Dates an. 25. Dezember

A journey in Search of myself

Templestay

Was ist "Templestay"?

Tempelstay ist ein Programm,
das Ihnen die Möglichkeit gibt,
die 1.700-jährige Tradition des
koreanischen Buddhismus
kennenzulernen.

Das Programm richtet sich nicht
nur an Buddhisten sondern an alle,
die das Leben in einem Tempel
inmitten der wunderschönen
koreanischen Natur erleben
möchten.

 TEMPLESTAY

Sport und Strände
Die Koreaner sind sportbegeistert, deshalb ist das Angebot für Besucher sehr vielfältig. Wandern ist sicher ein Klassiker, doch warum nicht auch einmal traditionelles Bogenschießen versuchen?

◀ Taekwondo ist die bekannteste koreanische Sportart, hervorgegangen ist sie aus dem tänzerischen Taekkyeon.

Man könnte meinen, dass ein Volk, das so viel arbeitet wie die Koreaner, in der Freizeit am liebsten vor dem Fernseher liegt und sich ausruht. Weit gefehlt. Die kostenlosen Fitnessgeräte mitten in Wohngebieten, in jedem Park, ja sogar auf dem entlegensten Berg sprechen eine eindeutige Sprache. »Wellbeing« heißt dieser Trend und ist schon so lange ein Trend, dass er schon keiner mehr ist. Egal ob Fahrradfahren, Jogging, Walking oder Aerobic: Zu jeder Tages- und Nachtzeit sieht man Koreaner jedes Alters auf den Bergen oder an den Flüssen sich ertüchtigen. Auf dem Fluss Hangang in Seoul sind bei gutem Wetter Windsurfer und Wasserskifahrer unterwegs, in der Provinz Gangwon-do gibt es exzellente Gebiete für Rafting und Paragliding und auf der Insel Jeju-do gibt es all das und dazu noch hervorragende Gebiete zum Reiten. Zudem lernt in Korea jedes Kind zumindest eine der traditionellen Sportarten Taekwondo, Taekkyeon (die Urform des Taekwondo) oder Ssireum (trad. Ringen). Eine Sportart, bei der die koreanischen Frauen ihre Stärke zeigen, ist Golf: Korea als aktivste und erfolgreichste Golfnation der Welt verfügt über einige der weltbesten Plätze – an jeder größeren Touristenattraktion gibt es mindestens einen.

KOREANISCHES BOGENSCHIESSEN (GUKGUNG – 국궁)

Der koreanische Bogen wird geschossen, ohne dass das Ziel direkt angepeilt wird; oder wie der Koreaner sagt, er wird »mit dem Geist geschossen«. Ausprobieren kann man Guk-gung z. B. in der Festung Hwaseong in Suwon (▶ S. 55).
Am Pavillon Yeonmujeong • tgl. 10–12, 14–17 Uhr
▶ S. 144, C 3

SEONMUDO (선무도)

Der Tempel Golgulsa nahe Gyeongju (▶ S. 102) bietet Templestay-Gästen auch Kurse in der Zen-Kampfsportart Seonmudo an; sanfte Bewegungen bringen Körper und Geist in Einklang. http://golgulsa.com ▶ S. 151, F 13

TAEKWONDO (태권도)

Koreas moderne Wettkampfsportart, die sich aus der jahrtausendealten Tradition des Taekkyeon speist, kann man in Seoul in verschiedenen Schnupperprogrammen kennenlernen.
Seoul Taekwondo Tour, Namsangol Hanok-Dorf • www.taekwonseoul.org • Einführungskurse Mo, Mi, So um 11, 13 und 16 Uhr ▶ Klappe vorne, e 5, nahe Korea House

WANDERN

Selbst kürzeste Strecken wurden noch vor einiger Zeit mit dem Auto zurückgelegt, sogar Urlaub wurde oft aus dem Wagen heraus gemacht. Doch inzwischen gibt es ein Umdenken und Aussteigen: Überall im Land werden Wanderwege angelegt oder traditionelle Wege wiederbelebt. So geschehen u. a. im Gebirge Jirisan (▶ S. 116) und auf der Insel Jeju-do, mit einem Netz aus verschiedenen kleinen Pfaden, die durch noch weitgehend intakte Natur und Dorfgemeinschaften führen (Olle-Pfade, ▶ S. 21). Äußerste Zurückhaltung der Wanderer wird erbeten, um die Menschen in ihrem Alltag nicht zu stören; eine Großmutter beim Schläfchen zu fotografieren oder Privatgärten zu betreten, ist Tabu.

WASSERSPORT

Das **Rafting-Revier am Fluss Hantangang** (Kreis Cheorwon, Provinz Gangwon-do) gilt als das beste in Korea; ein breiter, klarer Strom mit spektakulären Felsformationen. Da auch viele ausländische Touristen kommen, wird Englisch gesprochen.
www.cwg.go.kr/site/english/main.do
▶ S. 144, C 1

Die Strömung am **Fluss Donggang** (Kreis Yeongwol, Provinz Gangwon-do) ist besonders sanft, weshalb das **Rafting-Revier** gern von Familien besucht wird. Tipp: Am nahen Berg Bongnaesan gibt es eines der besten **Paragliding**-Zentren des Landes.
www.ywtour.com/EN ▶ S. 145, F 4

Der **See Cheongpyeongho** (Kreis Gapyeong, Provinz Gyeonggi-do) ist aufgrund seiner Nähe zu Seoul ein beliebtes **Naherholungsgebiet**. Im Club Chungho kann man Flyfish, Wasserski und Wakeboarding ausprobieren.
2424 Yumyeong-ro, Seorak-myeon, Gapyeong-gun • Tel. 031-584-0559
▶ S. 145, D 2

WINTERSPORT

Korea ist neben Japan ein führendes Wintersportzentrum Asiens; 2018 findet die Winterolympiade in Pyeongchang statt. Es gibt mehrere hochklassige Resorts, in denen sich im Sommer meist alles um Golf dreht.

STRÄNDE

Wie es sich für eine Halbinsel gehört, hat Korea drei Küsten, die sehr abwechslungsreich sind und allesamt ihren eigenen Reiz haben. Die Ostküste ist für ihre steil abfallenden Küsten mit hohem Wellengang bekannt. Die Strände der Westküste sind vor allem bei Wochenendausflüglern der Hauptstadtregion beliebt.

Eurwangni (Incheon, 을왕리)
▶ S. 144, A 3

Wer bei einem Stopover nur mal kurz an den Strand möchte, ist hier richtig. Meeresfrüchte am Strand grillen, die Füße ins Watt halten und vielleicht will man dann ja doch gar nicht mehr nach Australien weiter.
Bus 302, 306 oder 202 vom Flughafen Incheon (15 Min.)

Daecheon (Boryeong, 대천)
▶ S. 148, B 10

Bekannt für den heilsamen Wattschlamm ist dieser langgezogene Küstenstreifen einer der beliebtesten Strände für gestresste Hauptstädter. Höhepunkt der Saison ist das jährliche Mud Festival, bei dem auch Tausende ausländische, meist junge Gäste den Strand bevölkern.
Mit Zug oder Bus aus Seoul direkt erreichbar (2 Std. 20 Min.)

Goraebul (Yeongdeok, 고래불)
▶ S. 147, F 8

Ein echter Geheimtipp für Menschen, die ihren kilometerlangen weißen Sandstrand gerne möglichst menschenleer haben. Bisher vom koreanischen Tourismus weitgehend verschont, schickt dieser ehemalige Walfanghafen heute nur noch Bananenboote aus Gummi aufs Meer.
Sonstige: Naksan-Strand (▶ S. 70)

Pyoseon (Jeju, 표선) ▶ S. 153, E 20

Ein zu Unrecht von Badefans bislang übersehener Strand im Osten der Insel mit traumhaft azurblauem Wasser, das so flach ist, dass der fast weiße Sand bis weit ins Meer hinein durchschimmert.

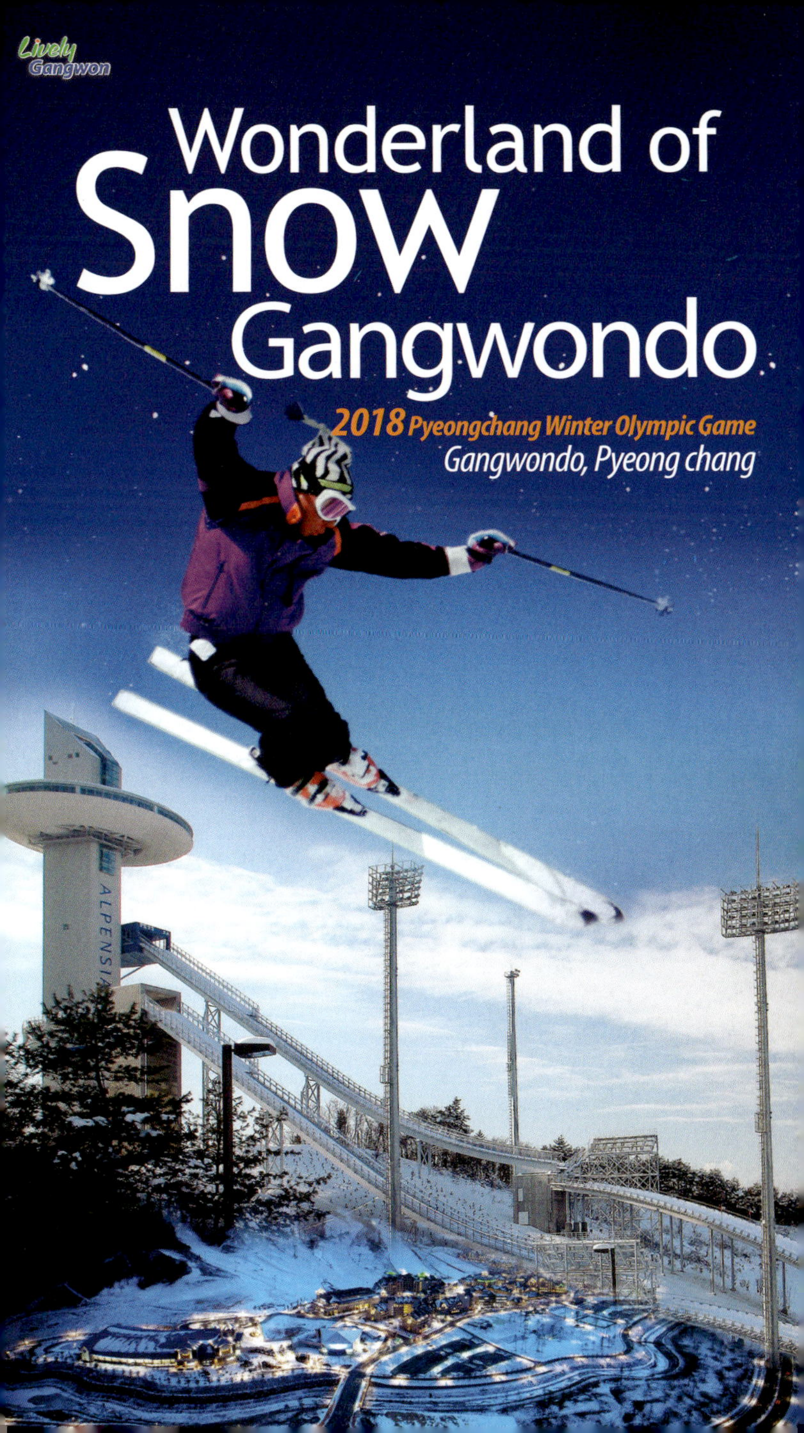

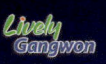

Lively Gangwon
Wonderland of
Snow
Gangwondo
2018 Pyeongchang Winter Olympic Game
Gangwondo, Pyeong chang

Malerischer Ausblick über den Stausee
Chungjuho (▶ S. 77), der sich durch das
Woraksan-Gebirge schlängelt.

Unterwegs **in Korea**

Das Land ist nicht sehr groß, und doch erlebt man hier während weniger Tage das rauschhafte Tempo quirliger Millionenstädte ebenso wie die vollkommene Stille einsamer Tempel, hoher Gipfel und winziger Inseln.

Seoul und der Nordwesten

Halb Korea scheint in Seoul zu wohnen – und tut es auch.
Die Paläste und das Altstadtviertel Bukchon sind ebenso
interessant wie die modernen Viertel.

seoul

Palast
Bauten
Himmel.

en Besu-
m ultra-
n zur In-
ie vielen
der Küs-
eit 5 000
einer der
me. Die
ölkerung
n Seoul,
lzog sich
m Fluss
s in die
icht nur
egegnen
ritt und
n kurz
eoul die
Hauptstadt von Baekje, und später
600 Jahre lang die des Joseon-Reichs.
Von der Kapitale aus lassen sich zahlreiche Ausflüge unternehmen. Eingebettet in die bergige Landschaft liegen
Königsgräber, Festungen und grandio-
se Museen. Es gibt hochtechnisierte
Planstädte und alte Künstlerkolonien
wie Icheon, wo Keramiker von Weltrang antike Formen neu interpretieren.
Auch ein Besuch der Flughafenstadt
Incheon lohnt sich, denn sie war früher der Brückenkopf zu China.

Seoul (서울)   ▶ S. 144, C 3

ca. 11 Mio. Einwohner
Innenstadtplan ▶ Klappe vorne
Übersichtsplan ▶ Klappe hinten
Schön gelegen am Fluss Hangang,
umgeben von hohen Bergen, empfängt Seoul den Besucher mit einem
schier endlosen Häusermeer und
verzweigten Stadtautobahnen. Nur
die Betonwüste einer beliebigen Megacity? Nach dem Abhaken der Top-Sehenswürdigkeiten nichts wie weg zu
den malerischen Bergtempeln, kleinen Bauerndörfern und sattgrünen
Landschaften? Das wäre grundfalsch.
Man sollte lieber etwas mehr Zeit ein-
planen, denn vom westlichen Tourismus ist Seoul bisher weitgehend über-
sehen worden.

Kontraste überall, Altehrwürdiges
und Hypermodernes, und zwar am
liebsten nebeneinander. Im Zentrum,
nicht weit vom Rathausplatz Seoul
Plaza, befinden sich mehrere Paläste,
die nach der teilweisen Zerstörung
durch Kolonialzeit und Krieg in neuem Glanz erstrahlen. Gleich nebenan flaniert man im Altstadtviertel
Bukchon durch verwinkelte Gassen
vorbei an traditionellen Häusern und
Gärten, Bistros und Cafés. In der
Nähe lädt das Viertel Insadong mit
Galerien, Kunsthandwerksläden und
aparten Boutiquen zum Bummeln
und mit urigen Restaurants und Teehäusern zum Verweilen ein. Für Kul-
turbeflissene bietet Seoul neben dem
Nationalmuseum, einem der meist-
besuchten Museen weltweit, unzählige kleine, liebevoll gestaltete Samm-
lungen. Hightech-Freunde können in
den diversen Ausstellungszentren den
Alltag von morgen hautnah erleben.
Zum Sonnenuntergang empfiehlt sich
der N Seoul Tower, zum Sundowner
eins der vielen Hangang-Brücken-
cafés. Und weil Seoul nie schläft, hat
man abends die Qual der Wahl. In
mehreren Theatern wird erstklassige
traditionelle und westliche klassische
Musik aufgeführt, doch charakte-
ristisch für das koreanische Crossover
sind Shows wie Nanta (▶ S. 50) oder
Breakdance mit Spitzentanz.
Danach noch ein Drink? Dann vielleicht nach Itaewon, einem von Aus-

Das Altstadtviertel Bukchon besteht aus über 900 »Hanok« – traditionellen Häusern. Kleine Museen, Werkstätten und Gästehäuser machen den Reiz der Gegend aus.

ländern gern besuchten Viertel mit vielen Bars. Die Jüngeren zieht es zum Trinken, Clubbing und Leutegucken nach Hongdae, dem Quartier der Kunsthochschule. Romantisch ist eine Fahrt auf dem Fluss Hangang zur Brücken-Lightshow, aber auch tagsüber und besonders zur Kirschblüte.

Es gibt viel zu sehen in dieser riesigen Stadt: kein Problem mit Bus und Bahn! Das ist preiswert und schnell, darüber hinaus mit mehrsprachigen Ansagen besucherfreundlich. Mit dem 755 km und fast 300 Stationen umfassenden U-Bahnnetz kommt man bequem sogar bis nach Incheon.

SEHENSWERTES
Bukchon (북촌)

▶ Klappe vorne, c 1

Zwischen den Pälästen Gyeongbokgung und Changdeokgung, wo Adlige und Beamte wohnten, liegt Bukchon, die mit über 900 »Hanok« genannten traditionellen Häusern größte alte Siedlung von Seoul. Im **Bukchon Traditional Culture Center** erfährt man mehr über die Architektur und das Leben in den Hanok. Die hügeligen Sträßchen führen zu immer neuen Fotomotiven und zu vielen kleinen Museen und Werkstätten von Kunsthandwerkern, darunter einigen lebenden Nationalschätzen, die gerne ihre Arbeit zeigen. Im **Gahoe Minhwa Museum** kann man volkstümliche Bilder und Amulette nicht nur betrachten, sondern auch selbst herstellen. Vom Viertel **Samcheongdong** mit vielen empfehlenswerten Restaurants gelangt man zur Festungsmauer mit Panoramablick. Tipp: Seit der Sanierung vor zehn Jahren gibt es in Bukchon auch bezaubernde Gästehäuser.

U-Bhf Anguk (Linie 3), Ausgang 3 • http://bukchon.seoul.go.kr

Changdeokgung-Palast (창덕궁) und Huwon (후원)

▶ Klappe vorne, d 1

Nach der Zerstörung des Hauptpalastes Gyeongbokgung durch die Japaner 1592 übernahm der östliche Nebenpalast Changdeokgung drei Jahrhunderte dessen Funktion, bis der ursprüngliche Palast wiederaufgebaut war. Koreas letzter Monarch zog nach seiner Krönung 1907 in den Ostpalast zurück. Der Changdeokgung diente dem Königshaus auch in der Kolonialzeit und bis zu seinem Erlöschen 1989 als Residenz. Die Anlage ist nicht wie die anderen Paläste rechteckig und schachbrettartig, sondern fügt sich in die Konturen der Landschaft ein. Der Hintere Garten mit seinen uralten Bäumen, Felsen und Gewässern wird wegen seiner mystischen Atmosphäre **Huwon**, »Geheimer Garten«, genannt. Besonders sehenswert ist ganz hinten der Bach **Okryucheon** mit einem künstlichen Wasserfall, an dem Dicht- und Trinkwettspiele ausgetragen wurden. Die Anlage gehört zum UNESCO-Weltkulturerbe.
U-Bhf Anguk (Linie 3), Ausgang 3 • http://eng.cdg.go.kr • tgl. 9–18, Garten 10–17.30 Uhr • Eintritt 3 000 Won, Garten 5 000 Won

Changgyeonggung-Palast (창경궁)

▶ Klappe vorne, e 1

Schon im 12. Jh. stand hier ein Sommerpalast der Goryeo-Herrscher, den der erste Joseon-König bis zur Fertigstellung des Gyeongbokgung-Palastes bewohnte. Später lebten dort meist Frauen des Königshauses. Die heutigen Gebäude wurden teils im 19. Jh., teils erst in den 1980ern wiederaufgebaut, als der von den Japanern dort eingerichtete Zoo verlegt wurde. Das ebenfalls zurückversetzte

Haupttor Heunghwamun befindet sich, wie bei Goryeo-Anlagen üblich, im Osten statt wie beim chinesischen Grundriss im Süden. In dieser Himmelsrichtung liegt der königliche Ahnenschrein **Jongmyo**, den man anschließend besichtigen kann. Die Haupthalle Myeongjeongjeon datiert wie das Haupttor von 1616 und ist der älteste Zentralbau aller Paläste von Seoul, diente aber nicht als Thronhalle, sondern als Wohnung der Königswitwen. Im 18. Jh. ereignete sich hier eine gruselige Tragödie: Ein geisteskranker Prinz starb in einer Reiskiste, eingesperrt von seinem eigenen Vater.
U-Bhf Hyehwa (Linie 4), Ausgang 4 • Di–So 9–18, Juni/Aug. bis 18.30 Uhr • Eintritt 1000 Won

Cheonggyecheon (청계천)

▶ Klappe vorne, b–f 3

Eine Großstadtoase, aber quicklebendig: Täglich vergnügen sich 90 000 Besucher an dem 5,8 km langen Flüsschen. Kaum zu glauben, aber bis zur aufwendigen Renaturierung 2002 war der Wasserlauf jahrzehntelang unter Asphalt verschwunden. Diese Initiative hat den damaligen Oberbürgermeister und späteren Präsidenten (2008–2013) Lee Myung-bak sehr populär gemacht. Interessantes über die Geschichte der Gegend, die Ökologie und das Konzept der Wiederbelebung erfährt man im **Cheonggyecheon Museum**. Ein Spaziergang hier lohnt sich immer, auch abends wegen der stimmungsvollen Lichtinstallationen. Vom **Cheonggyecheon Plaza** mit der bunten Schneckenskulptur an der Sejongro-Straße fällt der Blick auf das Kunstmuseum im Haus von **Donga Ilbo**, einer großen Tageszeitung. Brücken, Wasserspiele und Kunstwerke erfreuen das Auge. **Banchado**, die Reproduktion der

Bildrolle einer königlichen Prozession auf 5 000 Kacheln, ist mit 192 m Länge das weltweit größte Keramikbild. Nur 20 m lang, dafür aber von 20 000 Menschen gestaltet, ist die **Mauer der Hoffnung**. Die meisten Spaziergänger werden sich am **Dongdaemun** ins Gewühl der Modemärkte stürzen oder im quirligen Vergnügungs- und Shoppingviertel **Myeongdong** mit seiner **Kathedrale** verweilen. Man kann aber noch bis zur Mündung am Fluss Hangang laufen oder eine von insgesamt acht Führungen buchen.

U-Bhf Dongdaemun (Linien 1, 4), Ausgang 8 • www.cheonggyecheon. or.kr • Museum Di–So 9–19 Uhr

Deoksugung-Palast (덕수궁) und Jeongdong (정동)

▶ Klappe vorne, a 4

Unweit des Seoul Plaza liegt ein kleiner, aber feiner Palast inmitten moderner Bauten. Von einer Prinzenresidenz nach der japanischen Invasion um 1600 kurzzeitig zum Hauptpalast umfunktioniert, spielte der Deoksugung erst wieder am Ende der Joseon-Dynastie eine wichtige Rolle. 1897, nach der Ermordung von Königin Min, floh König Gojong aus dem Gyeongbokgung in die Russische Gesandtschaft und lebte bis 1907 im Deoksugung. Unter den Japanern wurde das Ensemble teilweise abgebaut. Die Thronhalle Chunghwajeon im traditionellen Stil kontrastiert mit den Gebäuden westlicher Bauart, die ersten ihrer Art auf einem koreanischen Palastgelände und Zeugnis der Modernisierungsversuche des Monarchen. Das größte, die neoklassizistische Seokjojeon-Halle, beherbergt heute ein Kunstmuseum und das Königliche Museum. Ein Kuriosum ist das Kaffeehaus anstelle des herkömmlichen Teepavillons. Der abendländisch gestaltete Garten mit seinem Springbrunnen und seinen vielen Bänken ist mittags von Büroangestellten bevölkert, am Wochenende von Brautpaaren zum Fotoshooting. Am Haupttor Chunghwamun, einem Nationalschatz, wird nachmittags der Wachwechsel mit farbenfrohen Kostümen und exotischer Marschmusik zelebriert.

Neben dem Palasttor führt die Gasse **Deoksugung-gil** in ein ruhiges Viertel mit vielen Bauten aus der Zeit, als Korea sich nach langer Isolation dem Westen öffnete. Manche glauben, dass ein Paar, das diesen romantischen Weg gemeinsam nimmt, sich bald trennen wird – also Vorsicht! Vorbei am Backsteinbau der ältesten Kirche von Seoul, einer epochemachenden Mädchenoberschule und dem ersten Hotel der Stadt, dem Sontag, gelangt man zum Turm der **Russischen Legation**. Im Obersten Gericht der japanischen Ära befindet sich das **Seoul Art Museum**. Das Jeongdong-Viertel ist Standort einiger moderner und traditioneller Theater. Gleich gegenüber liegen in einem Park das **Städtische Geschichtsmuseum** und noch ein Palast, der **Gyeonghuigung**.

U-Bhf City Hall (Linie 1), Ausgang 2 • www.deoksugung.go.kr • Di–So 9–21, Wachablösung um 11, 14 und 15.30 Uhr • Eintritt 1000 Won

Dongdaemun Design Plaza & Park (동대문역사문화공원)

▶ Klappe hinten, d 2

Im Herzen der Stadt, am Osttor der von den Japanern geschleiften Joseon-Stadtmauer, befindet sich seit 2014 etwas Hypermodernes: eine riesige silberne Struktur, entworfen von der Stararchitektin Zaha Hadid. Das

Design Plaza (DDP) soll Seoul als Fashion-Zentrum für ganz Ostasien etablieren. Im **Dongdaemun History & Culture Park** gibt es Ausstellungen über die Stadtmauer und über das abgerissene kolonialzeitliche Baseballstadion. Sportbegeisterte erfahren hier viel über diese fernöstliche Lieblingsdisziplin. Auf dem Spielfeld feierte die Nation 1945 das Ende der Kolonialära. Modebewusste zieht es eher zum **Dongdaemun-Markt**, einem ganzen Viertel mit 35 000 Läden in Hochhauskomplexen wie Hello ampm, Doota und Migliore.

U-Bhf Dongdaemun History & Culture Park (Linien 2, 4, 5), Ausgang 1 oder 10 • www.ddp.or.kr • Park immer zugänglich, DDP Di–So 10–21 Uhr • Park kostenlos, DDP 8 000 Won

Gyeongbokgung-Palast
(경복궁) ▶ Klappe vorne, b 1–2

Die fünf alten Paläste von Seoul, deren wichtigster der Gyeongbokgung ist, liegen zwischen den Bergen und dem Fluss – das bedeutet gutes Feng-Shui und Glück für den Herrscher und die Nation. Trotzdem ist von den ehemals 500 Gebäuden das meiste zerstört. Nach den Kriegswirren im 17. Jh. stand die Ruine 250 Jahre lang leer, und der Neubau des 19. Jh. war nur kurz bewohnt, bis die Japaner den Palast teils abrissen, teils mit modernen Bauten verfremdeten. Mittendrin erhob sich das wuchtige Kapitol, der Kolonialverwaltungssitz, und das Südtor Gwanghwamun wurde versetzt. Damit war Korea auch symbolisch entmachtet. Zum 50. Jahrestag der Unabhängigkeit 1996 wurde das Kapitol gesprengt, auch das Südtor wurde 2010 zurückverlegt. Nun wird der Palast Stück für Stück rekonstruiert. Heute erstreckt sich vor dem

MERIAN-Tipp 4

DRAGON HILL SPA
▶ Klappe hinten, b 3

Sich entspannen und koreanische Lebensart kennenlernen, das vereint der Besuch im »jjimjilbang«. Dann aber gleich in die Wellness-spielwiese der Superlative! Auf sechs Stockwerken verteilen sich fantasievoll gestylte Saunaräume sowie Eiskammer, Meerwasserbecken und Freibad. Auch Fitness, Massage und Kosmetik sind im Angebot, sogar Indoor-Golf, Videospiele und ein Kino. Nicht weihevolle Stille herrscht hier, sondern vor allem an Wochenenden ausgelassenes Familienvergnügen.
40 Hangang-daero 21na-gil, Yongsan-gu • U-Bhf Yongsan (Linie 1) • www.dragonhillspa.co.kr • tgl. 0–24 Uhr • Eintritt am Tag 11 000, nachts und Sa/So 13 000 Won

Südtor eine Avenue mit der Statue von Admiral Yi Sun-sin. An ihm und dem Sejong Center vorbei fließt ein flacher Kanal mit allen Geschichtsdaten Koreas. Der Palast besteht nach chinesischem Vorbild aus einer Abfolge von Höfen, vorne die offiziellen und hinten die privaten Gemächer. Über Brücken mit putzigen Wächterlöwen gelangt man zum Hof vor der Thronhalle und zu den Markierungssteinen für die neun Beamtenränge. In der Halle steht der golden verzierte Thronsitz, umgeben von Symbolen universeller Macht. Außergewöhnlich ist die zweistöckige Banketthalle, die auf 48 Säulen ruht und in einem Lotosteich steht. Dahinter schließen sich möblierte Privatgemächer an. Ganz hinten liegt der zierliche Sitz der Königs-

MERIAN-Tipp   5

GWANGJANG-MARKT (광장시장)

▶ Klappe vorne, e 3

Wo erlebt man das echte Seoul? Auf dem Gwangjang-Markt mit seinen 5 000 Ständen, wo seidene Hanbok und Ramiestoffe, bunte Klebreiskuchen und eingelegte Meeresfrüchte von temperamentvollen Marktfrauen feilgeboten werden. In der Mitte eine gigantische Fressgasse, dank der Nähe zum Cheonggyecheon allabendlich voll besetzt. Über das Gemurmel erhebt sich das Saxofon eines alten Mannes in Fantasieuniform. Auf Bänken sitzt man dicht gedrängt, bei »Bindaetteok«, »Makgeolli« und »Soju« kommt der Tourist leicht mit seinen Nachbarn ins Gespräch: prost – »wihayeo«! 88 Changgyeonggung-ro, Jongno-gu • U-Bhf Jongno-5(o)ga (Linie 1), Ausgang 7 • Läden Mo–Sa 10–19 Uhr, Lokale länger

witwe mit einer schön gemusterten roten Ziegelmauer und Päonien, dem Symbol weiblicher Anmut. Hier geht die Anlage in einen Park über, mit Blick auf **Cheongwadae**, den Präsidentenpalast, und mit Zugang zum Volkskundemuseum. In der warmen Jahreszeit werden im Gyeongbokgung täglich Kostümszenen aufgeführt. Ein schöner Auftakt für die Besichtigung ist der Wachwechsel im ersten Hof (mehrmals tgl. zw. 10 und 15 Uhr). U-Bhf Gyeongbokgung (Linie 3), Ausgang 5 • Tel. 02-3700 3900 • www.royalpalace.go.kr, Zeremonien: www.chf.or.kr • Mi–Mo 9–18 Uhr • Eintritt 3 000, Sammelkarte für 4 Paläste inkl. Jongmyo 10 000 Won

Insadong (인사동)

▶ Klappe vorne, c 2–3

Hochwertiges traditionelles Kunsthandwerk wie Seladon und Papier, aber auch witzige moderne Kreationen und preisgünstige Souvenirs in unzähligen Läden, und das auf wenigen Hundert Metern – wenn das Viertel Insadong kein Touristenmagnet ist! Einen guten Überblick vermitteln das **National Souvenir Center** (▶ S. 49), der **Seoul Souvenir Shop** und **Ssamziegil** (▶ S. 49). An die hundert Galerien machen die Gegend auch zum Mekka für Kunstliebhaber. Im Gewirr der Nebengassen mit berühmten Restaurants und Teehäusern in schönen Hanoks, fernab vom Kommerz, fühlt man sich ins alte Seoul zurückversetzt. Die übersichtliche Karte von der Touristeninformation erleichtert die Orientierung. So findet man den sehenswerten **Haupttempel von Cheondogyo**, einer kleinen synkretistischen Glaubensgemeinschaft, in einem kirchenähnlichen alten Backsteinbau. In der Nähe liegt auch der buddhistische Tempel **Jogyesa**. U-Bhf Anguk (Linie 3), Ausgang 6, und U-Bhf Jongno-3(sam)ga (Linie 5), Ausgang 1

Jogyesa-Tempel (조계사)

▶ Klappe vorne, c 2

Ein unbedingtes Muss zum Laternenfest! Der Jogye-Orden, die wichtigste Schule des koreanischen Zen-Buddhismus, hat unweit der geschäftigen Insadong im größten Tempel von Seoul seinen Hauptsitz. Der Orden und die Anlage datieren aus dem 20. Jh., doch man sieht auch Antikes wie die Haupthalle. Viele Schätze sind im neuen **Central Buddhist Museum** ausgestellt. Das nah gelegene **Temple-**

stay Information Center arrangiert Übernachtungen und stellt Tempelführer. Wer geschickt ist, kann dort Lotoslaternen basteln und Sutren drucken. Im angeschlossenen Restaurant wird edle Klosterküche serviert.

55 Ujeongguk-ro, Jongno-gu • U-Bhf Jonggak (Linie 1), Ausgang 2 • www.jogyesa.kr • tgl. 0–24, Temple-stay Information tgl. 9–18 Uhr • Eintritt frei, Museum 2 000 Won

Jongmyo-Schrein (종묘)

▶ Klappe vorne, d–e 2

Das konfuzianische Hofritual einschließlich der Ahnenverehrung in Korea stammt aus China. Der Jongmyo ist der älteste erhaltene royale Ahnenschrein, und die Riten wurden 500 Jahre lang ununterbrochen bıs zur japanischen Ära paktiziert und bis heute überliefert. Daher gehören beide zum UNESCO-Weltkulturerbe. Mit 150 m ist die Haupthalle Jeongjeon jetzt noch das längste Holzgebäude in Korea, bei der Erbauung 1394 war sie vermutlich sogar das längste in ganz Asien. Die heutige Anlage datiert von 1601 und strahlt würdevolle Ruhe aus. In 19 Räumen sind die Ahnentafeln, sämtlich original, für fast alle Joseon-Könige und ihre Gemahlinnen aufgestellt. Alljährlich am 1. Maisonntag wird das Ahnenritual aufgeführt. Auf archaischen Instrumenten erklingt die von König Sejong komponierte Musik, dazu vollziehen Offizianten in prächtiger Tracht Opfer, Gebete und feierliche Schreittänze.

Der Ahnenschrein ist mit dem Changgyeong-Palast durch eine Fußgängerbrücke verbunden.

157 Jong-ro, Jongno-gu • U-Bhf Jongno 3(sam)ga (Linie 1, Ausgang 11; Linie 3, Ausgang 9; Linie 5, Ausgang 8) • Eintritt 1 000 Won

N Seoul Tower   ▶ Klappe hinten, c 2

Ganz Seoul liegt dem Betrachter hier zu Füßen. Den besten Blick im dritthöchsten Fernsehturm der Welt, den Berg Namsan eingerechnet, bieten das Observatorium, das Drehrestaurant – und die angeblich schönste Toilette der Welt. Der Sonnenuntergang, der Fluss und das Lichtermeer der Megacity, einfach unvergesslich. Hier ist ein magischer Ort für Liebespaare, und Tausende Vorhängeschlösser um den Turm zeugen von ihren Treueschwüren. Den Berg erreicht man per Seilbahn, Bus oder per pedes durch den Park.

U-Bhf Myeong-dong (Linie 4), Ausgang 3 • www.nseoultower.co.kr • tgl. 10–23 Uhr • Eintritt 9 000 Won

MERIAN -Tipp   6

INWANGSAN-WANDERUNG (인왕산)

▶ Klappe hinten, b 1

Hinter dem Gyeongbokgung erhebt sich der 338 m hohe Inwangsan. Er gilt als Sitz des Berggeistes Sanshin und seines Begleittiers, einem Tiger. Ausgehend vom Sajik-Park mit dem Dangun-Schrein führt ein Weg mit vielen Stufen zum Guksadang. Hier, am aktivsten Schamanenheiligtum Koreas, sieht man häufig Rituale mit Gesang und Tanz. An kleinen Kultstätten vorbei kommt man zur Festungsmauer. Bizarre Felsen und knorrige Kiefern wie in einem klassischen Gemälde kontrastieren mit dem Panorama der modernen Metropole. Die mittelschwere Wanderung lohnt sich besonders im Frühjahr und Herbst.

U-Bhf Gyeongbokgung (Linie 3), Ausgang 1

Der Fernsehturm N Seoul Tower (▶ S. 41) steht auf dem Berg Namsan und bietet einen atemberaubenden Blick über das Häusermeer, die Berge und den Fluss.

Nanji-Ökopark (난지공원)

▶ Klappe hinten, westl. a 3

Den Fluss Hangang säumen zwölf miteinander verbundene Uferparks. Seit 2007 verfolgt das Hangang Renaissance Project ein ambitioniertes Ziel: Die Parks sollen nicht mehr einfache Naherholungsgebiete sein, sondern Themenzonen für neuen städtischen Lebensraum. Der westlichste der Hangang-Parks ist der 2002 zur Fußball-WM eröffnete **World Cup Park**, der sich vom **WM-Stadion Sangam** zum Fluss erstreckt. Früher war hier die riesige städtische Müllkippe und nach ihrer Stilllegung ein Golfplatz. Das 40 ha große Gelände umfasst fünf Parks, von denen **Haneul** und **Noeul** jetzt als **Eco Land** ausgebaut werden. Die Parks sind mit der U-Bahn oder mit dem Wassertaxi erreichbar.
U-Bhf World Cup Stadium (Linie 6), Ausgang 1, 2, 3 • hangang.seoul.go.kr

Noryangjin-Fischgroßmarkt (노량진 수산시장)

▶ Klappe hinten, b 4

Obwohl Seoul nicht am Meer liegt, hat Fisch hier große Tradition. Der Markt kann mit dem berühmten Toykoter Tsukiji konkurrieren: 700 Läden handeln rund um die Uhr mit Meeresprodukten – frisch, gefroren, getrocknet und natürlich eingelegt. Den Besucher erwartet ein Augen- und Gaumenschmaus, denn nirgends werden Fisch & Co. schmackhafter zubereitet als hier. Zur Fischauktion heißt es früh aufstehen: sie beginnt um 3 Uhr.
U-Bhf Noryangjin (Linie 1, Ausgang 1; Linie 9, Ausgang 2) • tgl. 24 Std. geöffnet, Restaurants 10–0 Uhr

Olympiapark (올림픽공원)

▶ Klappe hinten, östl. f 4

1988 war Korea Gastgeber der Olympiade. Mehr darüber erfahren Sport-

freunde im **Olympic Museum** in der Nähe des imposanten Eingangstors. Für Kunstinteressierte gibt es das **SOMA Museum**, das u. a. Werke von Nam June Paik zeigt. Ein besonderer Blickfang sind die 200 im Park verstreuten Skulpturen. Auch Altertümer sind zu bestaunen, denn beim Bau der Sportanlage wurde eine Siedlung aus der Baekje-Zeit ausgegraben. Am besten lässt sich der 150 ha große Park mit einem Mietrad erkunden.
U-Bhf Olympic Park (Linie 5), Ausgang 3 • www.kspo.or.kr, www.88olympic.or.kr • Park immer zugänglich, Olympia-Museum Di–So 10–18 Uhr • Eintritt frei

Samsung D'Light

▶ Klappe hinten, e 4

Im pulsierenden Stadtteil Gangnam liegt die Konzernzentrale von Samsung mit diesem Showroom. Der Name »D'Light« ist ein Wortspiel aus »light« (engl. für Licht) und »delight« (engl. für erfreuen). Auf drei Etagen stellt der Digital Playground die Entwicklung der Produktpalette vor. In der Mobile Plaza werden eigene Bild- und Textbotschaften als Bytes und Pixel projiziert und auf Wunsch verschickt. Die Digital Lounge lädt zum Ausprobieren der neuesten vernetzten Multimediageräte ein. Die erfolgreichsten TV- und Handy-Modelle sowie einen Ausblick in die Hightech-Zukunft bietet die Global Gallery.
11 Seocho-daero 74-gil, Seocho-gu • U-Bhf Gangnam (Linie 2), Ausgang 8 • www.samsung.com/us/experience/dlight • Mo–Sa 10–19 Uhr • Eintritt frei

T.um

▶ Klappe vorne, c 4

Im Stadtzentrum liegt das Erlebniszentrum des Telekom-Riesen SK. Der Name bedeutet »Telecom« und »Museum«. Am Eingang erhält der Besucher ein T-Key genanntes Smartphone für eine maßgeschneiderte und interaktive Tour. In Zonen wie Play Dream und Play Real kann man z. B. das intelligente Auto von morgen fahren oder futuristisch shoppen: Mit Hilfe eines Avatars wird virtuelle Kleidung ausprobiert und zur Begutachtung an Freunde verschickt. Im weltweit ersten T-Starbucks Café ist Zukunft schon Wirklichkeit. Bestellung und Bezahlung erfolgen per Touchscreen im Tisch. Tipp: Im Flughafen Incheon hat T.um einen Ableger.
SK Tower, 65 Eulji-ro, Jung-gu • U-Bhf Euljiro-1(il)ga (Linie 2), Ausgang 4 • http://tum.sktelecom. com • Mo–Fr 9–18 Uhr • Eintritt frei, Reservierung notwendig

Unhyeongung-Palast (운현궁)

▶ Klappe vorne, c 2

Der zwischen Changdeokgung und Insadong gelegene kleine Palast war nie Regierungssitz, sondern das Domizil König Gojongs von seiner Geburt bis zu seiner Krönung 1863 als Zwölfjähriger. Da sein Vater zehn Jahre lang Regent blieb, ließ er sich den Unhyeongung zur Machtzentrale ausbauen. Heute hat das Anwesen viel von seiner ursprünglichen Größe eingebüßt: Kolonialzeit und Koreakrieg hinterließen Schäden am Gebäudebestand, 1948 wurde der Ostteil des Geländes verkauft. Der große Yanggwon genannte okzidentale Bau gehört nun zu einer Universität. 1993 erwarb die Stadt Seoul den Unhyeongung von Nachfahren des Königs und restaurierte ihn. Die Bauten aus naturbelassenem Holz sind vergleichsweise schlicht gestaltet, aber vollständig eingerichtet. Mithilfe von kostümierten Puppen

Schon das Gebäude des Koreanischen Nationalmuseums (▶ S. 45) unterstreicht seine Bedeutung als eines der besten Museen der Welt.

wird der Palastalltag nachgestellt, und das macht den Besuch hier so reizvoll. Zweimal jährlich wird die Hochzeit von König Gojong mit Königin Min 1866 nachgespielt, und sonntags finden hier oft Konzerte statt.
U-Bhf Anguk (Linie 3), Ausgang 4 •
Di–So 9–19 Uhr • Eintritt frei

Yeouido (여의도)
▶ Klappe hinten, a–b 3–4

Die 8 qkm große Insel, einst Schafweide, später Flughafen, wurde erst in den 1970ern erschlossen und ist heute der Finanz- und Businessdistrikt von Seoul. Die Skyline ist geprägt von vielen Chaebol-Hauptquartieren (Chaebol: Unternehmensnetzwerk), darunter der mit 249 m lange Zeit höchste Wolkenkratzer der Stadt, das rotgold schimmernde **63 Building**. Auffällig sind die kolossalen Bauten der **Nationalversammlung** und der **Full Gospel Church**: Sonntags strömen 30 000

Gläubige zu den drei Gottesdiensten herbei – die größte Kirchengemeinde der Welt. Am schönsten ist Yeouido, wenn im April die Azaleen, Forsythien und Kirschen blühen: Das 6 km lange Band der **Kirschbaumallee** Yunjungro ist atemberaubend schön.
U-Bhf Yeouido (Linie 5, 9)

MUSEEN
Bank of Korea Money Museum (화폐금융박물관)
▶ Klappe vorne, b 5

Der ehemalige Hauptsitz der Nationalbank, ein schlossartiger Prachtbau und eines der wenigen kolonialzeitlichen Gebäude in Seoul, ist seit seiner Restaurierung 2001 ein Museum. Die Ausstellung zeigt die Entwicklung der Zahlungsmittel sowie der Wirtschaft Koreas interaktiv und unterhaltsam mit neuester Displaytechnik. Tipp für Sammler: die Münzsets im Laden. In der Nähe liegt auch das vornehme alte

Shinsegae-Kaufhaus mit seiner schicken Dachterrasse.

39 Namdaemun-ro, Jung-gu • U-Bhf Hoehyeon (Linie 4), Ausgang 7 • http://museum.bok.or.kr • Di–So 10–17 Uhr • Eintritt frei, Audioguide 500 Won

König-Sejong-Museum (세종이야기/충무공 이야기)

▶ Klappe vorne, a/b 2/3

Hier handelt es sich um ein Museum, das (fast) nur Eingeweihte kennen. Unter der Gwanghwamun Plaza versteckt sich auf über 2500 qm eines der neuesten Museen Seouls. Lediglich eine unscheinbare Glastür hinter der König Sejong Statue führt in die Unterwelt. Überall kann man etwas anfassen, ausprobieren, in Gang setzen oder sonstwie aktiv werden. Die Schaffung der koreanischen Schrift Hangeul war König Sejongs größte und bekannteste Leistung – aber bei weitem nicht die einzige. Auch auf dem Gebiet der Wissenschaft und Kunst gab es wichtige Impulse, die teilweise bis heute nachwirken. Vom König Sejong Museum gelangt man nahtlos in einen 1700 qm großen Bereich unter dem **Sejong Zentrum für darstellende Kunst**, der sich dem Nationalhelden Admiral Yi Sun Shin widmet. Besonders beeindruckend sind der begehbare Nachbau eines Schildkrötenschiffs (Kobuksan) und die filmisch-multimediale Darstellung seiner Seeschlachten gegen die Japaner. Mit einer Flotte von lediglich zwölf Kobuksan gelang ihm 1597 die Verteidigung gegen 133 japanische Schiffe. Sogar für Laien sind die Erläuterungen zur Kriegsmarine des 16. Jh. faszinierend und regen dazu an, sich als virtueller Ruderer und Schütze in der Schlacht zu versuchen.

175 Sejong-daero, Jongno-gu • U-Bahn: Gwanghwamun (Linie 5), Ausgang 9 • www.sejongstory.or.kr • Di–So 10.30–22.30 Uhr • Eintritt frei

Koreanisches Nationalmuseum (국립중앙박물관)

▶ Klappe hinten, c 4

Dieses Museum rangiert unter den globalen Top Ten. 2005 ist die 220 000 Stücke umfassende Sammlung in einen kolossalen Neubau umgezogen. Die landesweit besten Objekte aller Epochen, darunter viele Nationalschätze, werden chronologisch und thematisch geordnet präsentiert. Zur Stärkung zwischendurch gibt es ansprechende Restaurants, Cafés und Teehäuser. Geschmackvolle Souvenirs findet man im Museumsladen.

MERIAN-Tipp

UNTERWEGS MIT EINEM GOODWILL GUIDE

Wer erlebt ein Land nicht gerne mit den Augen der Einheimischen? Um das zu erleichtern, vermittelt die Korea Tourism Organization ehrenamtliche Reiseführer, die Goodwill Guides. Insgesamt 1000 sind es in ganz Korea, meist Rentner, Studenten und Hausfrauen mit guten Landes- und Fremdsprachenkenntnissen. Gerade bei Besichtigungen wie im verwinkelten Bukchon ist ein Lotse und Dolmetscher ideal: Er kennt die Fotostopps und die Leute im Viertel. Außer Auslagen wie Eintritt und Essen ist der Service kostenlos.

Anmelden kann man sich bis 3 Tage vorher unter: http://german.visitkorea.or.kr

137 Seobinggo-ro, Yongsan-gu •
U-Bhf Ichon (Linie 1 oder 4),
Ausgang 2 • www.museum.go.kr •
Di–So 9–18, Mi, Sa bis
21, So bis 19 Uhr • Eintritt frei,
Gebühr für Sonderausstellungen,
Digital Guide (PDA) 3 000 Won,
Audioguide (MP3) 1 000 Won

Leeum (리움) ▶ Klappe hinten, d 3

Für die exquisite Kollektion des
Samsung-Gründers schufen die Stararchitekten Rem Koolhaas, Mario
Botta und Jean Nouvel ein spektaku-
läres dreiteiliges Gehäuse. Die Ausstellung umfasst traditionelle und moderne Werke von ostasiatischen Meistern
und renommierten ausländischen
Künstlern. Besonders sehenswert ist
die koreanische Keramik. Von der
U-Bahn läuft man durch einen noblen
Bezirk des internationalen Viertels
Itaewon unweit des Namsan.

60-16 Itaewon-ro 55-gil, Yongsan-gu •
U-Bhf Hangangjin (Linie 6), Ausgang 1 •
http://leeum.samsungfoundation.
org • Di–So 10.30–18 Uhr • Eintritt
10 000, Digital Guide 1 000 Won

Nationales Palastmuseum (국립고궁박물관)

▶ Klappe vorne, a 2

Eine ideale Ergänzung zur Besichtigung
der Paläste und des Ahnenschreins
bildet das Museum am Südende des
Gyeongbokgung. Die Ausstellung illustriert die Rolle des Herrschers, die
Staatsriten und die Prinzenerziehung
sowie die vom Hof geförderte prämo-
derne Wissenschaft und konfuzianische Gelehrsamkeit. Auch Wissenswertes über die Palastarchitektur wird
vermittelt. Glanzstück ist die Replik
der enormen Wasseruhr, die seit dem
15. Jh. die Standardzeit für das ganze
Reich angab.

12 Hyoja-ro, Jongno-gu •
U-Bhf Gyeongbokgung (Linie 3),
Ausgang 5 • www.gogung.go.kr •
Di–So 9–18 Uhr • Eintritt frei,
Audioguide 1000 Won

Nationales Volkskundemuseum (국립민속박물관)

▶ Klappe vorne, b 1

Umfassende Erkenntnisse über das
Alltagsleben und den Lebenszyklus
im traditionellen Korea vermittelt
das National Folk Museum. Antike Wandgemälde werden hier zur
Filmanimation, Häuser aus allen
Landesteilen zeigen ihre Wohnkul-
tur und lebensgroße Figurengruppen
veranschaulichen alte Riten. Der Besuch lässt sich bequem mit dem benachbarten Gyeongbokgung (▶S. 39)
verbinden.

37 Samcheong-ro, Jongno-gu •
U-Bhf Gyeongbokgung (Linie 3),
Ausgang 5 • www.nfm.go.kr •
Mi–Mo 9–18 Uhr • Eintritt frei

ÜBERNACHTEN

The Shilla Seoul ▶ Klappe vorne, f 5

Traditionshotel im Park • Der ge-
diegene Stil mit asiatischer Note, der
weitläufige Park und das Freibad machen dieses Hotel zu einer Oase der
Ruhe in der geschäftigen Megalopolis.

249 Dongho-ro, Jung-gu •
U-Bhf Dongguk Univ. (Linie 3), Ausgang 6 • Tel. 02-2233 3131 • www.
shilla.net • 464 Zimmer • €€€€

W Seoul – Walkerhill

▶ Klappe hinten, östl. f 3

Hightech • Das Haus zwischen
dem Berg Achasan und dem Fluss
Hangang begeistert mit trendigem
Interieur und neuesten In-room-
Unterhaltungsmedien. Der »Bubble
Brunch« (So) gilt als bester der Stadt.

177 Walkerhill-ro, Gwangjin-gu •
U-Bhf Gwangnaru (Linie 5) • Tel.
02- 465 2222 • www.wseoul.com •
252 Zimmer • €€€€

Rak-Ko-Jae (락고재)

▶ Klappe vorne, c 1

Fürstliches Hanok • Die kleine Gartenvilla im malerischen Bukchon vereint traditionelles Flair mit modernen Annehmlichkeiten. Mahlzeiten inbegriffen, evtl. auch Kulturdarbietungen. Langfristige Reservierung notwendig.
49-23 Gyedong-gil, Jongno-gu •
U-Bhf Anguk (Linie 3), Ausgang 2 •
Tel. 02-771 0500 • www.rkj.co.kr •
5 Zimmer • €€€–€€€€

ESSEN UND TRINKEN
Bamboo House

▶ Klappe hinten, e 4

Speisen für Stars • Frisches Gemüse, erstklassiges Fleisch und feinste Weine, serviert im preisgekrönten Ambiente: Tom Cruise und Mariah Carey waren begeistert. Mittags koreanische, abends internationale Küche.
33 Eonju-ro 107-gil, Gangnam-gu •
U-Bhf Yeoksam (Linie 2), Ausgang 7 oder 8 • Tel. 02-566 0870 • Mo–Sa 11.30–14 und 17.30–22.30 Uhr •
€€€–€€€€

Daejanggeum (대장금)

▶ Klappe vorne, f 5

Exquisites Bankett • Beim Hanjeongsik wird eine Fülle von dezent gewürzten Speisen langsam nacheinander aufgetischt – nirgends meisterlicher als im Daejanggeum, das gern von Politikern und Wirtschaftskapitänen aufgesucht wird.
235-14 Dongho-ro, Jung-gu • U-Bhf Dongguk Univ. (Linie 3), Ausgang 5 •
Tel. 02-2233-3113 • tgl. 11.30–15 und 17–22 Uhr • €€€–€€€€

Min's Club (Mingadaheon, 민가다헌)

▶ Klappe vorne, c 2

Kaiser-Diner • Das exklusivste Restaurant von Insadong, im Haus eines Verwandten der letzten Kaiserin, serviert Fusion-Küche im Kolonialstilambiente mit modernistischem Touch.
23-9 Insadong 10-gil, Jongno-gu •
U-Bhf Anguk (Linie 3), Ausgang 5 • Tel. 02-733-2966 • tgl. 12–23 Uhr • €€€

Sanchon Insadong (산촌)

▶ Klappe vorne, c 2

Feinste Tempelküche • Der Küchenchef ist ehemaliger Mönch und macht die vegetarische buddhistische Küche der Bergdörfer zum Gourmeterlebnis. Beim heutigen Boom der Klosterküche gilt für Sanchon: oft kopiert, nie erreicht. Um 20 Uhr gibt es auch traditionelle Aufführungen.
30-13 Insadong-gil, Jongno-gu •
U-Bhf Anguk (Linie 3), Ausgang 5 •
Tel. 02-735-0312 • tgl. 11.30–22 Uhr • €€–€€€

Namul mongneun Gom (나물 먹는 곰)

▶ Klappe hinten, a 2

Mama kocht modern • Dass sich urbanes Ambiente und preiswerte traditionelle Küche aus »Mutters Hand«, wie der Koreaner sagt, nicht ausschließen, zeigt dieser Geheimtipp.
20-12 Jandari-ro, Mapo-gu •
U-Bhf Hongik Univ. (Linie 2), Ausgang 3 • Tel. 02-323-9930 •
tgl. 12–22 Uhr • €€

Ryugyeongok (류경옥)

▶ Klappe hinten, b 3

Authentischer Nordkoreaner • Von Flüchtlingen betriebenes Restaurant, die ihre Hausmannskost servieren.
8-8 Baekbeom-ro 31-gil, Mapo-gu •
U-Bhf Gongdeok (Linien 5, 6), Ausgang 2 • Mo–Sa 10–22 Uhr • €–€€

Myeongdong Gyoja (명동 교자)

▶ Klappe vorne, c 5

Maultaschen und Nudelsuppe • Herzhafte koreanische Küche, preiswert und sättigend, seit Jahrzehnten konkurrenzlos in der pulsierenden Fußgängerzone von Myeongdong.
29 Myeongdong 10-gil, Jung-gu • U-Bhf Myeong-dong (Linie 4), Ausgang 8 • Tel. 02-776-5348 • tgl. 10.30–21.30 Uhr • €

TEEHÄUSER

O'Sulloc Teehaus (오설록티하우스)

▶ Klappe vorne, c 5

Teespezialist • In Myeongdong betreibt der namhafte Teeproduzent ein modern eingerichtetes Teehaus. Hier kann man Grün-, Kräuter- und Früchtetee trinken, begleitet von traditionellen und westlichen Süßspeisen auf Teebasis. All das gibt es im Erdgeschoss auch zu kaufen.
12 Myeongdong 7-gil, Jung-gu • U-Bhf Euljiro 1(il)-ga (Linie 2), Ausgang 5 • Tel. 02-774 5460 • www.osulloc.co.kr • tgl. 9–22.30 Uhr

Sin Yetchatjip (신옛찻집)

▶ Klappe vorne, c 2

Kleine Zauberwelt • Von der Insadong nur wenige Schritte in eine Gasse, und man betritt ein Hanok-Teehaus voller Antiquitäten und Kunstwerke. Wegen der Vögel wird es auch »Flying Bird Teahouse« genannt.
47-8 Insadong-gil, Insadong, Jongno-gu • U-Bhf Anguk (Linie 3), Ausgang 6 • Tel. 02-732-5257 • tgl. 10.30–23 Uhr

CAFÉS

aA Design Museum Café

▶ Klappe hinten, a 2

Angesagt in Hongdae • Treffpunkt der Stars, mit einem Interieur nach dem Motto »Der Stuhl ist die kleinste Architekturform«. Empfehlenswert: die Salate und der Bio-Pflaumentee.
19-18 Wausan-ro 17-gil, Mapo-gu • U-Bhf Sangsu (Linie 6), Ausgang 1 • Tel. 02-31437312 • tgl. 12–24 Uhr

Café Rainbow ▶ Klappe hinten, d 4

Spektakulärer Blick • Die meisten Brücken über den Fluss Hangang haben Aussichtscafés, aber dieses ist das beste. Stromabwärts an der Banpo-Brücke wird von April bis Oktober mehrmals am Abend der weltweit längste Brückenspringbrunnen mit seiner Lightshow angeschaltet. Da schmecken die Drinks noch besser!
Hannam Brücke, 708 Gangnam-daero, Gangnam-gu, Gangnam-gu • U-Bhf Sinsa (Linie 3), Ausgang 6 • tgl. 11–24 Uhr

EINKAUFEN

Antiquitätenmärkte Janganpyeong und Dapsimni (장안평, 답십리 풍물시장)

▶ Klappe hinten, e–f 2

Vintage-Fans werden begeistert sein: Hunderte von Lädchen in fünf Gebäuden. Buddhas, Stickereien, Jadeschmuck, Lackwaren: alt oder reproduziert, jedenfalls erschwinglich.
Gomisul-ro, Dongdaemun-gu • U-Bhf Dapsimni (Linie 5), Ausgang 3 • Mo–Sa 10–19 Uhr

Namdaemun-Markt (남대문 시장) ▶ Klappe vorne, a 5

Beim gleichnamigen, kürzlich abgebrannten Stadttor liegt einer der größten und ältesten Märkte von Seoul. Alle erdenklichen Waren, im Dutzend billiger – sogar Kimchi-Schokolade ist im Angebot! Nichts für Klaustrophobiker: Täglich schiebt sich eine halbe Mio. Menschen durch die 10 000 Läden.

21 Namdaemunsijang-gil • U-Bhf
Hoeyheon (Linie 4), Ausgang 5, 6,
7 • Mo–Sa, sehr unterschiedliche
Öffnungszeiten

National Souvenir Center (한국 관광명품점) ▸ Klappe vorne, c 3

17 Läden, riesige Auswahl: Kunst-
handwerk von Meisterhand, Ginseng-
Erzeugnisse und Delikatessen.
Dukwon Gallery, 14 Insadong 5-gil,
Jongno-gu • U-Bhf Jonggak (Linie 1),
Ausgang 3-1 • tgl. 9.30–20.30 Uhr

Seoul Selection Bookstore
▸ Klappe vorne, b 2

Englischsprachige Bücher und anderen Medien über Korea. In der Nähe
des Gyeongbokgung-Palasts.
6 Samcheong-ro, Jongno-gu •
U-Bhf Gyeongbokgung (Linie 3), Ausgang 5 • www.seoulselection.com •
Mo–Sa 9.30–18.30 Uhr

Ssamziegil Kulturkaufhaus (쌈지길) ▸ Klappe vorne, c 2

Kunterbunt: Um ein Atrium führt
eine Rampe über vier Etagen an 70
kleinen Läden vorbei, in denen junge
Künstler ihre Kreationen ausstellen.
44 Insadong-gil, Jongno-gu •
U-Bhf Anguk (Linie 3), Ausgang 6 •
tgl. 10–20.30 Uhr

Times Square   ▸ Klappe hinten, a 4

Ein 2009 eröffneter Multifunktions-
komplex der Superlative, doppelt so
groß wie COEX, die bis dato größte
Mall Koreas. Supermarkt, Luxuskauf-
haus, Kino, Hotel usw., alles unter
einem Dach, und obendrauf ein park-
ähnlicher Garten.
15 Yeongjung-ro, Yeongdeungpo-gu •
U-Bhf Yeongdeungpo (Linie 1), Ausgang 3 • www.timessquare.co.kr/en •
tgl. 10.30–22 Uhr

Im National Souvenir Center sind 17 Läden,
u. a. für Papierlaternen, versammelt.

AM ABEND
Chongdong-Theater (정동극장)
▸ Klappe vorne, a 4

Die zum National Theatre of Korea
gehörende Kompanie zeigt seit Jahren mit großem Erfolg ihre Show
»Miso«, ein Musical aus modernen
und traditionellen Tanz- und Musik-
Elementen. Die Story ist eine Liebes-
geschichte der Joseon-Zeit.
43 Jeong-dong-gil, Jung-gu • U-Bhf
City Hall (Linie 1) • Tel. 02-751 1500
www.chongdong.com • tgl. 16 und
20 Uhr • 40 000–60 000 Won

Gwanghwamun Art Hall (광화문아트홀)
▸ Klappe vorne, westl. a 2

Das Programm »Pan« bietet ein virtuo-
ses Potpourri aus Maskentanz, Perkus-
sion und dem Balladengesang Pansori.
Immer wieder ruft das Publikum nach
guter koreanischer Tradition »jota«
(prima!) und »eolssigu« (toll!).

»Nanta« ist eine atemberaubende Show, die seit 1997 auch weltweit Erfolge feiert. Über die Bühne wirbeln vier »Köche« mit ihren Küchenutensilien.

21 Inwangsan-ro 1-gil, Jongno-gu • U-Bhf Gyeongbokgung (Linie 3), Ausgang 1 • Tel. 02-722-3416 • www. ghmarthall.com • Mi–Fr 20, Sa/So auch 14 Uhr • 30 000–50 000 Won

Korea House (한국의 집)
▶ Klappe vorne, e 5

Der kleine Hanok-Komplex in Mye-ongdong gehört zur Kulturstiftung Koreas. Er bietet Gaumenfreuden am Büffet mit repräsentativen Speisen und einen Querschnitt durch die ko-reanische Bühnentradition: kehliger Balladengesang, akrobatische Bauern-tänze und Frauen, die zwischen zig Trommeln herumwirbeln – ein un-vergesslicher Abend auf höchstem Ni-veau. Der Laden verkauft Kunsthand-werk und englischsprachige Bücher. 10 Toegye-ro 36-gil, Jung-gu • U-Bhf Chungmuro (Linien 3, 4), Ausgang 3 • Tel. 02-2266-9101 •

www.kh.or.kr • Show 18.30–19.30, 20.30–21.30, Laden 10–22 Uhr • Eintritt 50 000 Won

Myeongdong-Theater (명동예술극장)
▶ Klappe vorne, c 4

Schon das Gebäude ist sehenswert: ein glamouröses Kino der 1930er-Jah-re mit damals über 1 000 Plätzen, das später Nationaltheater wurde. Vielfäl-tiges, ambitioniertes Programm. 35 Myeongdong-gil, Jung-gu • U-Bhf Euljiro-1(il)ga (Linie 2), Aus-gang 6 • Tel. 02-1644-2003 • www.mct.or.kr

Nanta-Theater
▶ Klappe vorne, a 4

Kimchi mal anders: Hauptakteure sind vier Köche mit Küchenutensilien. Das Ergebnis ist eine atemberaubende Show mit traditionellen Elementen, seit 1997 der größte Theatererfolg in Korea mit weltweiten Tourneen.

Unesco Building 3F, 26, Myeongdong-gil, Filialen in Seodaemun-gu
und auf der Insel Jeju • U-Bhf Euljiro
1(il)-ga (Linie 2), Ausgang 5 oder 6 •
Tel. 02-739-8288 • http://nanta.co.
kr • tgl. 17, 20, Sa 14, 17, 20 Uhr •
40 000–70 000 Won

National Theater of Korea
(국립극장) ▶ Klappe hinten, d 3
Hier sind mehrere Bühnen in einem
Haus vereint. Aufführungen traditioneller Genres durch eigene Ensembles
und ausländische Gastspiele, oft von
anderen Nationaltheatern.
59 Jangchungdan-ro, Jung-gu •
U-Bhf Dongguk Univ. (Linie 3), Ausgang 6 • www.ntok.go.kr

Seoul Arts Center (예술의 전당)
▶ Klappe hinten, d 5
Klassikstars aus dem In- und Ausland
treten in Seoul bevorzugt hier in einer
der fünf Hallen auf. Neben den Bühnen gibt es drei Museen für Kalligrafie, moderne Kunst und Design.
2406 Nambusunhwan-ro, Seocho-gu
• U-Bhf Nambu Bus Terminal (Linie 3),
Ausgang 5, weiter mit Bus 4429 • Tel.
02-580 1300 • www.sac.or.kr

Theater- und Kunstszene in
Daehangno (대학로)
▶ Klappe hinten, d 1
Hier ist der Broadway von Asien! Um
den Marronnier Park scharen sich
100 Galerien, 50 kleine Theater und
zehnmal so viele Kneipen. Das **Arko
Art Center** ist Koreas Brennpunkt
für zeitgenössische Kunst. Besonders
schön ist Daehangno am Wochen-
ende, wenn sich das Viertel um die
»College Street« in eine einzige große
Fußgängerzone verwandelt.
Hyehwa-dong, Jongno-gu • U-Bahn-
Station Hyehwa (Linie 4)

SERVICE
Touristeninformation
▶ Klappe vorne, c 3
Filialen an allen Top-Sehenswürdig-
keiten. Stadtteilpläne, Broschüren.
Zentrale: 40 Cheonggyecheon-ro,
Jung-gu • U-Bhf Jonggak (Linie 1),
Ausgang 5 • Tel. 02-7299-497 (-498,
-499) • tgl. 9–20 Uhr • 24-h-Service-
Telefon 02-1330 • http://german.
visitkorea.or.kr

Ziele in der Umgebung
◎ Bukhansan-Nationalpark
(북한산 국립공원)
▶ S. 144, C 3 (Stadtgebiet Seoul)
Die bis zu 800 m hohen Hausberge
im Norden von Seoul sind in 30 Min.
Metrofahrt von der Innenstadt zu erreichen. Das macht den Bukhansan zu
einem beliebten Ziel der wanderbe-
geisterten Koreaner. Laut Guinnessbuch ist er – weltweit! – der Nationalpark mit den meisten Besuchern pro
Quadratkilometer, trotzdem herrscht
auf den vielen und gut markierten
Wanderwegen kein Gedränge. Dichte
Wälder und Schluchten mit Granitfelsen und Wasserfällen.
http://bukhan.knps.or.kr
10 km nördl. von Seoul

◎ DMZ ▶ S. 144, B 2
1953 wurde Korea entlang des 38. Breitengrads provisorisch getrennt. Die
4 km breite **Entmilitarisierte Zone**
(engl. »Demilitarized Zone« – DMZ)
ist heute die am strengsten bewachte
Grenze der Welt: 2 Mio. Soldaten stehen sich hier gegenüber. Im Süden
gibt es einige Orte für den Grenztou-
rismus. Der meistbesuchte ist **Panmunjeom**, wo der Waffenstillstand
unterzeichnet wurde. Hier kann man
in einer UN-Baracke seinen Fuß auf
nordkoreanischen Boden setzen, so-

In der Entmilitarisierten Zone DMZ (▶ S. 51) gibt es einige Orte – hier Panmujeom –, an denen Besucher nordkoreanischen Boden betreten können.

gar den Soldaten ins Auge sehen. Nur mit Tour möglich.
62 km nördl. von Seoul

◎ Heyri-Künstlerkolonie
(헤이리 예술마을)   ▶ S. 144, B 2
Das Worpswede-cum-Dessau Koreas, geboren aus der Vision eines Verlegers und nach Generalplan erbaut. In den harmonisch in die Natur eingepassten Häuschen leben ca. 400 Künstler aller Disziplinen – inkl. Spielzeug, Kinoplakate und essbare Schoko-Kunst. Heyri ist mit öffentlichen Verkehrsmitteln gut erreichbar und mit der **Paju Book City**, der weltweit einzigartigen Verlagsplanstadt, zu kombinieren.
93-120 Heyrimaeul-gil, Paju-si, Gyeonggi-do • U-Bhf Hapjeong (Linie 2), Ausgang 2, weiter mit Bus 2200 • www.heyri.net
35 km nördl. von Seoul

◎ Ho-am Art Museum Yongin
(호암미술관)   ▶ S. 144, C 3
Das größte Privatmuseum Koreas präsentiert einen der besten Bestände klassischer einheimischer Kunst weltweit, darunter 100 Nationalschätze, aus dem Besitz des Samsung-Gründers. Allein der traditionelle Garten ist einen Besuch wert.
204 Gasil-ri, Cheoin-gu, Yongin-si • http://hoam.samsungfoundation.org
Di–So 10–18 Uhr • Eintritt 4 000 Won
40 km südl. von Seoul

◎ Icheon (이천)   ▶ S. 145, D 3
Nicht nur zur World Ceramics Biennale ist Icheon ein Mekka für Meister und Liebhaber der Töpferkunst. Seit 500 Jahren sind die Keramiken berühmt, und noch heute wird in 80 Werkstätten produziert: grünglasierte Goryeo-Seladonware, weiß glasierte Joseonware und dazwischen grell

bunt Modernes. Besonders sehenswert beim jährlichen Keramikfestival. 52 km südöstl. von Seoul

◎ Königsgräber der Joseon-Dynastie (조선왕릉)
▶ S. 144, C 3

Die meisten Gräber der letzten koreanischen Dynastie – sie gehören zum UNESCO-Weltkulturerbe – liegen in einem Radius von 40 km um die Hauptstadt. Insgesamt sind es 40 Mausoleen an 18 Orten. Am sehenswertesten ist Donggureung in Guri mit neun Grabstätten aus 500 Jahren, vom Dynastiegründer bis zum frühen 20. Jh. Unter alten Bäumen spaziert man von Grab zu Grab: grasbewachsene Tumuli (Grabhügel), umstanden von steinernen Schafen und Tigern, bewacht von Beamten und ihren Pferden, bunt bemalte Opferhallen und riesige rote Holztore. Mit dem Nahverkehr erreichbar.
197 Donggureung-ro, Guri-si • http://royaltombs.cha.go.kr • Di–So 6–18.30 Uhr • Eintritt 1 000 Won
14 km östl. von Seoul

◎ Mok-A Museum Yeoju (목아박물관)
▶ S. 145, D 3

Das Museum für buddhistische Kunst und traditionelle Holzbearbeitung, gegründet vom berühmtesten Holzbildhauer Koreas, zeigt die ganze Vielfalt der Tempelkunst des Landes. Draußen im Park stehen versonnen blickende Buddhastatuen, drinnen hängen vergoldete Reliefs und bunte Rollbilder. Die kleine Stadt bietet viele weitere Attraktionen, u.a. das Grab des größten Joseon-Königs Sejong.
21, Imunan-gil, Gangcheon-myeon, Yeoju-gun • Di–So 9–17 Uhr • www.moka.or.kr • Eintritt 5 000 Won
65 km südöstl. von Seoul

◎ Namhansanseong-Festung (남한산성)
▶ S. 144, C 3

In den Bergen südlich der Hauptstadt bauten die Joseon ihr größtes Bollwerk mit einer vollständigen Ausweichresidenz. Nur vereinzelte Gebäude stehen heute noch in den malerischen Wäldern – die wochenlange Belagerung 1636 durch 130 000 Mandschus ist kaum vorstellbar. Eine Umrundung der 8 km langen inneren Festungsmauer dauert etwa 4 Std. Im Zentrum der 12 qkm großen Anlage liegt ein Dorf mit gemütlichen Restaurants.
Sanseong-ri, Jungbu-myeon, Gwangju-si • http://namhansansung.or.kr • Eintritt frei
23 km südöstl. von Seoul

◎ Nationalmuseum für Zeitgenössische Kunst (MOCA) (국립현대미술관)
▶ S. 144, C 3

Die Ausstellung zeigt die Entwicklung der koreanischen Kunst seit der Unabhängigkeit. Herzstück ist ein monumentaler Turm mit 1 003 Monitoren von Nam June Paik. Eingebettet ist das MOCA in den **Seoul Grand Park**, ein weitläufiges Naherholungsgebiet.
313 Gwangmyeong-ro, Gwancheon-si U-Bhf Seoul Grand Park (Linie 4), Ausgang 2 • www.moca.go.kr • Di–So 10–18, Sa bis 21 Uhr • Eintritt frei
15 km südl. von Seoul

Incheon (인천)
▶ S. 144, B 3

2,6 Mio. Einwohner

Vor 130 Jahren noch ein Fischerdorf, ist Incheon heute die drittgrößte Stadt Koreas mit dem größten Airport und dem zweitgrößten Hafen. Nun wird Incheon die Stadt der Zukunft: 2014 fanden hier die Asienspiele statt, die Skyline der Hochtechnologie-Trabantenstadt Songdo-City wird durch den 305 m hohen Northest Asia Trade

Tower geprägt und die spektakuläre Incheon-Brücke stellt eine direkte Verbindung zum Flughafen dar.

SEHENSWERTES
Chinatown

Die trotz jahrhundertelanger Handelsbeziehungen einzige traditionelle Chinesensiedlung von Korea ist schön restauriert. Vom prächtigen Eingangstor geht es, an bunten Häuserreihen vorbei, zu Kirchen im westlichen Stil und zur Jungsan-Schule mit ihrer Ausstellung über die Einwanderer. Unzählige Restaurants servieren »Jajangmyeon« – sogar ein Museum und ein Festival thematisieren dieses Nudelgericht, das von chinesischen Einwanderern erfunden wurde.

Flughafen Incheon   ▶ S. 144, A 3

70 km von Seoul entfernt, doch schnell erreichbar, liegt der Airport auf einer durch Landgewinnung erweiterten Insel. Seit der Eröffnung 2001 ist Incheon in die Top Ten der Umschlagszahlen vorgerückt, und mehrfach zum weltbesten Flughafen gekürt worden. Trotz der Länge von 1 km und über 70 Gates ist das Terminal übersichtlich. Dem Reisenden bietet es viele Annehmlichkeiten wie Hightech-Service und Kulturelles: Kostümparaden, ein kleines Museum und die Gelegenheit, Souvenirs »last minute« selbst zu basteln.
www.airport.kr/eng

Ganghwado (강화도)
▶ S. 144, A/B 2/3

Für die geschichtsträchtige Insel in der Mündung des Hangang ist ein Tagesausflug fast zu kurz. Von früher Besiedelung künden die 120 **Dolmen** von Bugeunri. An die **Paläste** erinnert nur noch wenig: den letzten zerstörten im

19. Jh. die Franzosen und erbeuteten wertvolle Bücher, die nach langem Verhandlungen erst 2011 zurückgegeben wurden. Ein architektonisches Juwel ist die **anglikanische Kirche**, im koreanischen Stil erbaut von einem Palastbaumeister mit Holz vom sakrosankten Baekdusan. Die schöne Zen-Stätte **Jeondeungsa**, eine der ältesten Koreas, auf dem Berg **Manisan** bietet Templestay. Naturliebhaber können im weltberühmten Watt spazieren und am kieferngesäumten weißen Sandstrand den Wellen lauschen.

Incheon-Brücke (인천대교)

Seit 2009 verbindet die mit 21 km fünftlängste Schrägseilbrücke der Welt den Flughafen mit dem neuen Stadtteil Songdo. Hier wird auf 6 qkm aufgeschüttetem Land die Vision von Incheon als Drehkreuz für Nordostasien realisiert.
Incheon Bridge Memorial Hall, 1017 Yeongjonghaeannam-ro, Jung-gu, Incheon • www.incheonbridge.com

Incheon Landing Operation Memorial Hall (인천상륙작전기념관)

Die Landung von 70 000 Soldaten aus 16 Nationen unter dem Kommando von General MacArthur befreite Seoul von nordkoreanischen Truppen. Dieses historische Ereignis dokumentiert die Gedenkstätte. Weitere Zeugnisse der koreanisch-amerikanischen Freundschaft sind **Hwadojin** am Hafenbecken und das Denkmal für den siegreichen General im **Jayu-Park**.
138 Cheongnyang-ro, Yeonsu-gu • Eintritt frei

Japanisches Viertel

Eine breite **Treppe** mit Steinlaternen trennt die chinesische von der japanischen Konzession mit ihrem ganz eigenen Baustil. Schlichte Holzhäuser à la Nippon wechseln sich ab mit grauen Stein- und roten Ziegelbauten der Kolonialzeit. Mehr über das alte Rathaus von Incheon und die ehemalige Zentralbank von Korea erfährt man in der **18 Bank**. Im **Chemulpo Colonial Club** wurde bei Whiskey und Zigarren Geschichte gemacht. Unweit des Jayu-Parks zeugt die erste **anglikanische Kirche** Koreas mit Krankenhaus und Schule vom Eindringen des Westens.

SERVICE

Touristinformation Incheon

Am Flughafen im Erdgeschoss, neben Gate F, auch am Bahnhof und an weiteren Orten in der Stadt • english. visitincheon.org • tgl. 7–22 Uhr

Suwon (수원)   ► S. 144, C 3

1,1 Mio. Einwohner

Die durch die U-Bahnlinie 1 mit Seoul verbundene Stadt hat zwei große Attraktionen, das Volkskundedorf und die 200 Jahre alte Hwaseong-Festung (43 km südl. von Seoul). In der Umgebung befinden sich eine Grabanlage für mehrere Joseon-Könige und der Tempel Yongjusa für den ermordeten »Reiskistenprinzen« (► S. 37). eng.suwon.go.kr

SEHENSWERTES

Hwaseong-Festung
(화성)   ► S. 144, C 3

Eigentlich sollte die 1794–1796 erbaute Festungsstadt die neue Joseon-Hauptstadt werden. König Jeongjo wollte dem dortigen Grab seines ermordeten Vaters nahe sein, außerdem wollte er den Machtkampf am Hof beenden und mit Hilfe der fähigsten Denker einen Neubeginn wagen. Im Koreakrieg, als Suwon von Nordkorea

Auf der Insel Ganghwado (► S. 54) zeugen Dolmen von der frühen Besiedelung.

besetzt war, wurde die Festung schwer beschädigt. Jetzt sind drei Viertel des 5 km langen Festungswalls, fast alle der 48 Wachtürme und viele andere Bauten instandgesetzt und gehören zum UNESCO-Weltkulturerbe. http://ehs.suwon.go.kr • tgl. 24 Stunden geöffnet, Palast tgl. 9–18 Uhr • Palast Eintritt 1 500 Won

Korean Folk Village
(한국민속촌)   ► S. 144, C 3

Kein Kitsch, sondern eine authentische Reise durch Raum und Zeit erwartet den Besucher hier. 250 originale alte Häuser veranschaulichen regionale Unterschiede, Handwerker zeigen ihre Künste in den Werkstätten, und bäuerliche Feste mit Musik, Tanz und Akrobatik runden das Bild ab. 90 Minsokchon-ro, Giheung-gu, Yong-in-si • www.koreanfolk.co.kr • tgl. 9.30–18 Uhr • Eintritt 15 000 Won

Im Fokus

Jeong, Han, Heung Drei scheinbar widersprüchliche Gemütslagen prägen die Weltsicht der Koreaner – allerdings wird keine todernst genommen.

Liest man die Ergebnisse internationaler Studien, so denkt man, die Koreaner seien eines der unglücklichsten Völker überhaupt. Undurchdringliche Grenzen zwischen den sozialen Schichten, hohe Jugendarbeitslosigkeit, noch höhere Staatsschulden, horrende Preise für Wohnen und Lebensmittel – alles Probleme, die einem das Leben schwer machen, und an denen man auch noch selbst schuld ist, so die Koreaner. Und doch findet man unter ihnen kaum jemanden, der nicht gern in seinem Land lebt oder der es im Ausland nicht sofort schmerzlich vermisst; außerdem sieht man überall und jederzeit fröhliche, lachende, feiernde Menschen. Wie passt all das zu-

sammen? Kulturwissenschaftler wie Laien bringen es auf diese Formel: »Han«, »Jeong« und »Heung« prägen die Weltsicht der Koreaner – drei Elemente, die eigentlich widersprüchlich sind; aber nur auf den ersten Blick.

Han (한)
Es gibt ganze Bücher, die sich mit der Definition dieses Begriffs befassen. Versucht man »Han« im Deutschen auf den Punkt zu bringen, käme wohl so etwas wie »Groll« dabei heraus. Genauer aufgedröselt ist es eine Mischung aus Ohnmacht und Wut angesichts von Ereignissen, gegen die der Einzelne machtlos ist. Die japanische Kolonialzeit, die Korea seiner Sou-

◄ In dieser Szene zeigen sich »Jeong« und »Heung« – die Warmherzigkeit und das innige Verhältnis zur eigenen Küche.

veränität beraubte, und die Teilung des so lange geeinten koreanischen Nationalstaats lösen ebenso »Han« aus wie der frühe Tod der Eltern, eine Kündigung oder ein anderer Verlust oder Tiefschlag. Koreaner fürchten wohl nichts so sehr wie in eine Situation zu kommen, in der sich »Han« ansammelt, und doch haben sie vor niemandem mehr Ehrfurcht als vor demjenigen, der mit viel »Han« belastet ist. Wer »Han« angesammelt hat, darf es geradezu zelebrieren. Das Problem wird ausführlich beklagt und die Ungerechtigkeit des Erlittenen thematisiert – anstatt nach einer Lösung zu suchen. Der wohl kulturell dichteste und elaborierteste Ausdruck von Han ist die epische Ballade »Pansori« – bewegende Geschichten, die in allen Einzelheiten und im wehklagenden Ton erzählt werden. Und doch, und das ist wichtig, verliert man selbst mitten im »Han« nie den Humor und die Menschlichkeit. Sie sind das Mittel, um »Han« erträglich zu machen. Durch tragische Ereignisse wird man stärker, und bevor einen der Kummer übermannt, ist ein Gläschen mit Freunden eben doch die beste Lösung, sagt sich der Koreaner.

Jeong (정)

»Jeong«, Menschlichkeit und Warmherzigkeit – vor allem in der älteren Generation verbreitet – wird jeder Korea-Reisende erleben. Diese Freundlichkeit und das ehrliche Interesse, das einem selbst von Wildfremden entgegengebracht wird, mag für den wohltemperierten Mitteleuropäer manchmal etwas überbordend sein, aber es kommt fast ausnahmslos von Herzen. »Jeong« ist aber auch die Einfachheit des ländlichen Lebens und das Zufriedensein mit diesem Wenigen, auch der derbe Humor der Volkskunst. Kultureller Ausdruck ist etwa das Maskentheater Talchum oder auch die Sitte, an der traditionellen Tafel aus gemeinsamen Schälchen zu essen.

Heung (흥)

Die Koreaner haben den Ruf, die Italiener Asiens zu sein – sowohl in Bezug auf die innige Beziehung zur Küche und den Fokus auf die Familie als auch auf die große Emotionalität. »Heung« wird für den Aufstieg Koreas vom Tintenfischexporteur zur IT-Macht und vom politisch hoffnungslosen Fall zu einer stabilen Demokratie verantwortlich gemacht. Koreaner gelten als leidenschaftlich in ihren Zielen; eiserner Wille und Aufopferungsbereitschaft sind die höchsten Tugenden, die man an den Tag legen kann. Für eine wichtige Angelegenheit stellt man alles andere zurück und jeder hat dafür vollstes Verständnis. Kulturellen Ausdruck findet Heung in den Trance-Ritualen »Gut« der traditionellen Schamanen, aber auch in den Rhythmen der Bauernmusik, deren kunstvollste Variante die Perkussionsmusik Samulnori ist. Die andere Seite von »Heung« ist aber auch der sogenannte »Naembi«-Charakter der Koreaner. »Naembi« bezeichnet einen traditionellen, gusseisernen und nur dünn beschichteten Topf, der auf kleiner Flamme schnell heiß wird, aber ebenso schnell wieder abkühlt. So werden in Korea auch gesellschaftliche Diskussionen geführt: leidenschaftlich und mit vollem Einsatz, aber meist wendet man sich nach einigen Tagen dem nächsten Thema zu.

Der Nordosten

Bergig ist die Provinz Gangwon-do, erst kurz vor der Ostküste fallen die Felswände steil ins Meer. Viel Sportliches
kann man unternehmen – von Paragliding bis Rafting.

◄ Im Nordosten kann man innerhalb weniger Stunden erst eine Bergwanderung machen, dann am Strand entspannen.

Der Nordosten Koreas ist größtenteils gleichbedeutend mit der Provinz **Gangwon-do**. Diese flächenmäßig große, aber bis vor Kurzem weniger entwickelte Region des Landes ist politisch wie landschaftlich in je zwei Hälften getrennt. Der nördliche Teil des alten Gangwon-do liegt seit der Teilung des Landes in Nordkorea und ist somit heute nicht zugänglich. Überall entlang der Grenze zwischen dem Gangwon-do, das zu Südkorea gehört, und dem, das zum Norden gehört, gibt es Einrichtungen zum Thema Teilung, Frieden und Krieg.

Eine nicht minder bedeutende Trennung vollzieht sich west-östlich, zwischen den Unterregionen **Yeongseo** und **Yeongdong**. Die Grenze verläuft auf dem Kamm des Passes Daegwallyeong; nach Westen hin ist die Region geprägt von Stauseen und schier unendlichen Bergrücken. Auf den Flüssen gibt es Raftingangebote und an den Seen Bungee-Jumping und Wasserski; die Nähe zur Hauptstadt macht diese Region zu einem einzigen großen Aktivsport-Spielplatz für junge und jung gebliebene Großstädter. Richtung Osten fallen die mächtigen Berge der Nationalparks steil zur Küste des Ostmeers ab: Auf einer Wanderung kann man von 1 000 m über Normalnull in nur 30 Min. hinunter zum kühlen Nass des Pazifiks gelangen. Am Meer gibt es Bananenbootsfahrten und Zipline (man hängt im Klettergeschirr an einem Drahtseil und rast bergab) und in den Bergen wunderbare Wanderrouten und schöne Paragliding-Reviere. Im Winter kann man exzellent Ski- und Snow-

board fahren; die Wettkampfstätten der **Olympischen Winterspiele 2018 Pyeongchang** liegen allesamt hier.

Chuncheon (춘천)

► S. 145, D 2

270 000 Einwohner

Chuncheon selbst ist eine recht schmucklose Stadt, aber die Hauptstadt der Provinz Gangwon-do. Wegen der landschaftlichen Schönheit ihrer Umgebung und der Nähe zur Hauptstadt Seoul wächst sie immer weiter und breitet sich aus; in 10 bis 15 Jahren wird die Stadt vielleicht schon zur Hauptstadtregion gezählt werden. Bekannt ist Chuncheon für »Dakgalbi« (scharfes Hühnchen, gebraten mit Kartoffeln, Salat, Zwiebeln, Karotten) und allerlei andere Leckereien. Neben dem **Nationalmuseum** können das internationale Mimenfestival und das **Puppentheater** als besondere kulturelle Höhepunkte gewertet werden.

SEHENSWERTES
Fußgängerzone Myeongdong (명동)

Die Attraktion des Stadtgebiets ist das lebendige Viertel Myeongdong mit seinen unzähligen Restaurants für Chuncheons berühmte Speise »Dakgalbi«. Daneben gibt es eine Vielzahl anderer Restaurants, Bars und Kinos. Joyang-dong, Chuncheon-si

MUSEEN
Puppentheater und -museum Chuncheon (춘천인형박물관)

Auch wenn man von den hier gespielten Stücken nicht viel versteht, lohnt sich ein Besuch im liebevoll eingerichteten Puppenmuseum, das erst im Jahr 2004 eröffnet wurde. Das Theater ist auch Hauptveranstaltungsort für das Internationale Puppentheaterfestival, das hier jedes Jahr Mitte August stattfindet.

3017 Yeongseo-ro, Chuncheon-si • Tel. 033-2 42 84 50 • www.ccpt.or.kr Di–So 9–17, Sa bis 19 Uhr • Eintritt 2 000 Won

ÜBERNACHTEN
Chunchon Sejong Hotel

Solide Unterkunft • Ein bodenständiges und schnörkelloses Hotel der Touristenklasse, aber der Service ist exzellent.

31 Bonguisan-gil, Chuncheon-si • Tel 033-252-1191 • www.chunchonse-jong.co.kr • 65 Zimmer • €€

Motel Ritz

Für den kurzen Aufenthalt • Zentral gelegenes Motel, sauber, mit moderner Ausstattung.

1 Gongji-ro 451beon-gil, Chuncheon-si • Tel. 033-241-0797 • 29 Zimmer • €

SERVICE
Touristinformation

Im Bahnhof Namchuncheon: 2260 Yeongseo-ro, Chuncheon-si • Tel. 033-250-3322 • tgl. 9–18 Uhr

Ziele in der Umgebung
◎ Namiseom (남이섬)

▶ S. 145, D 2

Die Flussinsel Namiseom, auf der ein findiger Geschäftsmann die sogenannte »Republik Naminara« gegründet hat, ist eine der wenigen großen Attraktionen der westlichen Gangwon-do-Provinz. Heerscharen von Touristen aus aller Welt, insbesondere aus Japan und Südostasien, wo die Popkultur der »Koreanischen Welle« populär ist, strömen hierher, um sich von freilaufenden Straußen beißen zu lassen, die Rehe zu streicheln oder einfach die Drehorte des beliebten Dramas »Winter Sonata« anzuschauen. Wer damit nichts anfangen kann, dem bleiben

Die Insel Namiseom liegt in einem See, der durch den Bau eines Staudamms entstand. Ein findiger Geschäftsmann machte daraus eine »visapflichtige« Republik.

kilometerlange Spazierwege in wunderbarer Natur nur eine gute Stunde außerhalb von Seoul. Jüngst wurde der Park gar von der UN als besonders kinderfreundlich ausgezeichnet.

1024 Bukhangangbyeon-ro, Gapyeong-eup, Gapyeong-gun • mit dem Zug (Gyeongchun-Linie) vom Seouler U-Bhf Sangbong (Linie 7) nach Gapyeong, dann ca. 15 Min. Taxi zur Namiseom Marina, dann Fähre zur Insel (7.30–21.40 Uhr) oder tgl. 9.30 Uhr Shuttlebus vom Tapgol-Park in Seoul • www.namisum.com »Visumsgebühr« 10 000 Won (inkl. Fährticket)

20 km südwestl. von Chuncheon

◎ Ruine der Zentrale der Arbeiterpartei (노동당사) ▶ S. 144, C 1

Ironie der Geschichte: Die Ruine der erst 1946 fertiggestellten Zentrale der kommunistischen Arbeiterpartei Koreas lag nach Kriegsende im freien Teil des Landes, der keine Verwendung dafür hatte. Als Mahnmal für die Schrecken des Krieges und der Ideologie wurde das Skelett des Gebäudes stehen gelassen. Heute finden hier oft Konzerte statt.

Geumgangsan-ro, Gwanjeon-ri, Cheorwon-eup, Cheorwon-gun

55 km nordwestl. von Chuncheon

◎ Soyangho-Stausee (소양호) ▶ S. 145, D–E 2

Der 1973 durch den Bau des **Soyang-Damms** entstandene Stausee Soyangho liegt oft im Nebel, was ihm eine mystische Atmosphäre verleiht. Der See ist der größte Koreas und wird auch gern als »Koreas Binnenmeer« bezeichnet, weil er wichtige Teile der westlichen Gangwon-Provinz verbindet. Es gibt verschiedene Fährrouten, die beliebteste ist die kurze Überfahrt

zum **Tempel Cheongpyeongsa**, der einige architektonische Besonderheiten aufweist – etwa die große Veranda vor dem Innenhof, die sonst für konfuzianische Akademien typisch ist. Dies liegt daran, dass die Fundamente über 1 000 Jahre alt sind und somit noch aus der Goryeo-Zeit stammen, deren Tempelbauweise noch nicht strikt kanonisiert war. Auch die Überreste der ältesten Goryeo-Gartenanlage, für den Laien kaum noch als solche zu erkennen, liegen auf dem Weg.

Im berühmten Gasthaus **Saembat Makguksu** gibt es die Spezialität dieser Region: kalte Buchweizennudeln in pikanter Soße (644 Sinsaembat-ro, Sinbuk-eup, Chuncheon-si • Tel. 033-242-1712 • tgl. 10-21 Uhr • €€).

205 Cheongpyeong-ri, Buksan-myeon, Chuncheon-si • Tempel 2 000 Won, Fähre 6 000 Won hin & zurück (tgl. 20-mal, Dauer 10 Min.)

15 km nordöstl. von Chuncheon

◎ Woljeongni (월정리) und Zweiter Invasionstunnel ▶ S. 144, C 1

Immer wieder werden Invasionstunnel des Nordens entdeckt und vom südkoreanischen Militär versiegelt. Einige dieser Tunnel sind für Touristen zugänglich, so auch der Zweite Invasionstunnel, der nahe des Bahnhofs Woljeongni liegt, dem letzten Bahnhof vor Nordkorea. Ausgestellt wird hier u. a. ein Zug, dessen einer Teil von den Nordkoreanern hier gelassen wurde, während sie den Rest erbeuteten. Dieser Zug steht symbolisch für die Trennung der beiden Staaten, seinen Namen kennt jedes Kind: »Eisenpferd, das wieder laufen möchte«.

3591 Pyeonghwa-ro, Cheorwon-eup, Cheorwon-gun • Reservierungen: Tel. 033-450 5558 (vorherige Anmeldung

nötig, da militärisches Sperrgebiet) •
tgl. 9.30, 10.30, 13, 14 Uhr, Di
geschl. • Tour mit Privat-Pkw
4000 Won, Shuttle Bus (nur Sa und
So) 8000 Won

55 km nordwestl. von Chuncheon

Gangneung (강릉)

▶ S. 147, E 5

220 000 Einwohner

Der architektonische Reiz der inoffiziellen Hauptstadt der Region Yeongdong hält sich in Grenzen, doch zur landschaftlichen Schönheit der Umgebung mit Bergen, Seen, Stränden und dem Meer kommt eine Vielzahl historischer Stätten, die von reichem konfuzianischen Erbe zeugen. Obwohl hinter den mächtigen Bergen recht abgelegen, stand man immer mit dem Zeitgeist des Landes in Kontakt bzw. führte ihn sogar an. Das von der UNESCO unter Schutz gestellte traditionelle **Danoje-Fest** mit Maskentanz, Gesang, Speis und Trank lockt jährlich unzählige Besucher aus dem ganzen Land an; Vergleiche zum Oktoberfest sind nicht ganz von der Hand zu weisen. 2018 rückt die Stadt aus anderen Gründen in den Mittelpunkt, wenn hier viele der Eiswettbewerbe der Olympischen Winterspiele des benachbarten **Pyeongchang** ausgetragen werden.

SEHENSWERTES

Anwesen und Schrein Ojukheon (오죽헌)

Man stelle sich einmal vor, Hildegard von Bingen wäre die Mutter von Immanuel Kant gewesen. Dann kann man die Bedeutung ermessen, die dieses Anwesen, das »Haus am Schwarzen Bambushain«, für die koreanische Kulturgeschichte hat. Hier lebten Shin Saimdang, eine hoch-

gebildete Adlige und Künstlerin, und ihr Sohn, der wohl berühmteste koreanische Gelehrte, Yulgok Yi Yi. Beide sind übrigens auch auf den koreanischen Banknoten verewigt; auf dem 5 000-Won-Schein sind der Sohn und eine Zeichnung der Mutter und auf dem 50 000-Won-Schein ist Shin Saimdang zu sehen.

24 Yulgok-ro 3139beon-gil, Gangneung-si • tgl. 8–18 Uhr • Eintritt 3 000 Won

Anwesen Seongyojang (선교장)

Wer wissen möchte, wie der koreanische Landadel im 18. Jh. gelebt hat, wird hier umfassend informiert. Früher direkt am inzwischen etwas geschrumpften Gyeongpo-See gelegen, verfügt das Anwesen heute noch über alles, was zu einem repräsentativen Haus seiner Zeit gehörte: ein Gehöft für das Dienstpersonal, einen prächtigen Hausherren- und Empfangstrakt, Frauengemächer, einen Diensthof und einen wunderschönen Pavillon an einem Lotosteich. Man kann hier auch übernachten.

431 Unjeong-dong, Gangneung-si • tgl. 9–18 Uhr • Eintritt 3 000 Won

Gyeongpo (경포): See, Strand und Pavillon

In Gyeongpo kommen kulturhistorische Bedeutung vom Rang einer Loreley mit der Möglichkeit zu ausgiebigen Radtouren und einem wunderbaren Sandstrand zusammen. See und Strand stoßen direkt aneinander, nur getrennt von einem kleinen Kiefernwäldchen. Nehmen Sie hier ein Leihrad und drehen Sie eine weite Runde um den See, dann stoßen Sie auf einer kleinen Anhöhe auf den historischen **Gyeongpodae-Pavillon**, in dem über die Jahrhunderte so

Der Cheongpyeongsa-Tempel (▸ S. 61) am Soyangho-Stausee ist architektonisch ungewöhnlich und ähnelt eher einer konfuzianischen Akademie.

mancher Gelehrte seine Rührung angesichts des Ausblicks zum Audruck brachte.

Bus 202 vom Zentrum in Gangneung

ÜBERNACHTEN
Haslla Museum Hotel (하슬라호텔)

Boutiquehotel • Das exklusivste Haus der Provinz wurde von seinem berühmten Architekten durchkonzipiert. Man fühlt sich wie nachts im Kunstmuseum und badet mit Blick aufs Ostmeer.

1441 Yulgok-ro, Gangdong-myeon, Gangneung-si • Reservierungen: Tel. 033-644-9411 • www.haslla.kr • 24 Zimmer • €€€

Seongyojang (선교장)

Sehr traditionell • In diesem historisch bedeutenden Anwesen gibt es Zimmer im traditionellen Stil und ein ebenso traditionelles Frühstück. Wer möchte, kann an Kursen für Handwerks- und Kochkunst teilnehmen.

63 Unjeong-gil, Gangneung-si • Tel. 033-646-3270 • €

Ziele in der Umgebung
◎ **Daegwallyeong (대관령)**

▸ S. 147, E 5

Der Hochpass Daegwallyeong ist so markant, dass die Lufttemperatur links und rechts manchmal bis zu 15 Grad Unterschied aufweist. Früher Sitz der lokalen Götter, ist Daegwallyeong heute Sitz der größten Schafsfarm des Landes. In einem dicht besiedelten Land wie Korea ist es ein seltenes Erlebnis, freilaufende Kühe und Schafe zu sehen. Die vielen Windräder oben – Daegwallyeong ist eines der Zentren für erneuerbare Energien in Korea – tun ihr Übriges zur friedlichen Gesamtstimmung. Da

es hier oben Leihfahrräder gibt, kann man eine schöne Mountainbike-Tour unternehmen oder einfach auf den vielen Wanderwegen an der Schaffarm umherlaufen.
Farm: Do–Di 9–18.30 Uhr •
Eintritt 5 000 Won
15 km südwestl. von Gangneung

◎ Hwanseongul-Höhle (환선굴)
▶ S. 147, E 6

Nahe der Stadt Samcheok liegt die größte Kalksteinhöhle Koreas. Auf 6,5 km Länge gibt es Höhlenseen, bizarre Felsformationen und sogar kleinere Wasserfälle zu entdecken. Der Abstieg in diese mysteriöse Welt ist recht steil. Man benötigt bis zu 2 Std. für eine komplette Tour der Höhle.
800 Hwanseon-ro, Singi-myeon, Samcheok-si • tgl. 8–15 Uhr •
Eintritt 4 000 Won
40 km südöstl. von Gangneung

◎ Jeongdongjin (정동진)
▶ S. 147, E 5

Jeongdongjin hat zwar auch einen schönen Strand, ist aber vor allem aufgrund seines **Bahnhofs** mit der Sanduhr bekannt; die Gleise verlaufen direkt durch den Sand und man steigt, wie das Guinnessbuch der Rekorde anerkennt, weltweit an dem Bahnhof aus, der dem Meer am nächsten liegt. Wer nach oben blickt, sieht übrigens keine Fata Morgana: Dort hängt ein riesiges Kreuzfahrtschiff auf der Klippe – als völlig überteuertes Hotel genutzt. Als Kunstfreund kombiniert man den Strandspaziergang mit einem kurzen Fußweg zur **Haslla Art World**, einem Kunst- und Kulturzentrum mit Skulpturenpark, in dem man sich geradezu verlieren kann.
Stadtbus 109 oder mit dem Zug
ca. 12 km südöstl. von Gangneung

◎ Odaesan-Nationalpark (오대산 국립공원)
▶ S. 147, D/E 5

Dieser Nationalpark beherbergt unter anderem den **Tempel Woljeongsa**, der erst in den 1950er-Jahren wiederaufgebaut wurde, aber auf eine reiche Geschichte zurückblicken kann, wovon das **Seongbo-Museum** auf dem Gelände zeugt. Das Gebirge ist aber auch landschaftlich äußerst reizvoll, gilt es doch auch als »Sogeumgang«, also als Miniaturausgabe des echten Geumgangsan, der heute in Nordkorea liegt. Höchste Erhebung ist mit 1 563 m der Gipfel Birobong. Das Gebirge inspirierte Koreas berühmtesten Philosophen Yulgok zu einem bedeutenden Werk, sodass man viele Touristen findet, die hier auf seinen Spuren wandeln. Naturkundler freuen sich über eine reiche Flora und Fauna; zu den gut sichtbaren Spezies gehören die Bergziegen.
http://english.knps.or.kr/knp/odaesan • Park: tgl. 4–16 Uhr •
Eintritt frei • Woljeongsa Tempel: tgl. 5–21, Seongbo-Museum Mi–Mo 9.30–17 Uhr • Eintritt 3000 Won
ca. 25 km westl. von Gangneung

Pyeongchang (평창)
▶ S. 147, D 6

Ort: 10 000 Einwohner, Landkreis: 44 000 Einwohner

Pyeongchang war selbst vielen Koreanern kaum ein Begriff, bevor sich Korea für die **Olympischen Winterspiele** bewarb – und München aus dem Rennen warf. Heute ist Pyeongchang das Zentrum eines der beiden größten Skigebiete Koreas und wird neben Inländern insbesondere von Südostasiaten frequentiert. Mit Olympia hat es übrigens erst im dritten Anlauf geklappt; 2018 ist die Welt zu Gast in diesem kleinen Bergdörfchen. Durch die Entwicklung der Infrastruktur sollen bis zu 230 000 neue Jobs entstehen. Unabhängig von der Olympia-Vergabe wurde bereits eine Menge in die Region investiert. Durch die Olympiade hofft man, sich endgültig als führendes asiatisches Wintersportzentrum zu etablieren. www.pyeongchang2018.com

SEHENSWERTES
Alpensia Resort

Das Resort ist ein erst 2010 eröffnetes Ski- und Freizeitresort der Extraklasse, das bei Olympia 2018 auch einen Großteil der Gäste beherbergen soll und langsam mit Leben erfüllt wird. Das Skisprungstadion ist direkt in der Nähe, um das Resort herum gibt es sechs hochklassige Skipisten und zwischen den Hotels haben viele Boutiquen, Bars und Restaurants mit internationalem Flair eröffnet. 225-3 Yongsan-ri, Daegwallyeong-myeon, Pyeongchang-gun • www.alpensiaresort.co.kr

ÜBERNACHTEN
Holiday Inn

Spa der Extraklasse • Von den erschwinglichen Übernachtungsoptionen im Alpensia Resort gehört das Holiday Inn zu den besten. Moderne, gemütliche Zimmer, guter Service. 225-3 Yongsan-ri, Daegwallyeong-myeon, Pyeongchang-gun • www.alpensiaresort.co.kr • 483 Zimmer • €–€€€€

Ziel in der Umgebung
◎ Chiaksan-Nationalpark
(치악산 국립공원)   ▶ S. 146, C 6
Noch sehenswerter als die Berge des Chiaksan sind die dichten Wälder und Täler, die zwischen ihnen liegen. 1984 zum Nationalpark erklärt,

Die riesige Hwanseongul-Höhle (▶ S. 64) ist bunt beleuchtet.

ist das Wahrzeichen dieses Gebirges die Ansammlung von drei antiken Pagoden auf dem Gipfel **Birobong**, der mit 1 288 m höchsten Erhebung der Gegend. Den Namen hat das Gebirge von der Legende, nach der ein Wanderer hier einst einem Fasan das Leben rettete. Einige Zeit später geriet er selbst in Not, und der Fasan revanchierte sich für den Gefallen. Ob es an dieser Geschichte liegt, dass die Artenvielfalt in diesem Nationalpark eine der höchsten des Landes ist? 30 km westl. von Pyeongchang

Seoraksan-Nationalpark
(설악산 국립공원) 🔴5
▶ S. 145, E–F 1–2
Die zackigen Gipfel des Seoraksan-Gebirges mit scharlachrot gefärbtem Herbstlaub – dieser in der Tat wunderschöne Anblick ist schon fast ein Koreaklischee. Kaum ein Nationalpark wird so stark besucht und doch

sehen die meisten nur einen kleinen Teil davon, nämlich den Bereich um den **Tempel Sinheungsa** und den Weg bis zum **Wackelfelsen Heundeulbawi**; dabei ist der Park so groß und vielfältig, dass eine komplette Durchwanderung mehrere Tagesmärsche in Anspruch nimmt. Wer von einem der Eingänge zum **Gipfel Daecheongbong**, dem dritthöchsten Südkoreas, gelangen möchte, braucht ebenfalls gute Ausdauer: Die Wanderung dauert über 10 Std. und es gibt auf dem Hauptweg über das Felsenmeer Biseondae nur eine einzige Hütte.
http://english.knps.or.kr/knp/seoraksan • Eintritt frei, Tempel Sinheungsa: 2 500 Won

SEHENSWERTES
Baekdamsa-Tempel (백담사)

▶ S. 145, E 2

Highlight dieser historisch bedeutenden Tempelanlage ist die große Amithaba-Buddhastatue aus dem Jahr 1748. Auch einige Gebäude der Anlage stammen noch aus dieser Zeit. Historische Bedeutung hat der Tempel auch als Aufenthaltsort des Mönchs, Dichters und Unabhängigkeitskämpfers Manhae Han Yong-un erhalten, für den es hier eine sehenswerte Gedenkhalle gibt.
tgl. Sonnenauf- bis -untergang • Eintritt frei

Osaek-Heilquelle (오색온천)

▶ S. 145, F 2

Die heilende Wirkung der heißen Quelle ist bereits war der Joseon-Dynastie bei Wanderern bekannt. Das leicht schwefelhaltige, eisenreiche Wasser soll gegen allerlei Beschwerden helfen und nicht zuletzt wird die Quelle im Volksmund als »Quelle der Schönheit« bezeichnet, denn wer oft hier badet, soll sich bis ins hohe Alter eine junge Haut bewahren. Inzwischen hat sich ein Heilbadbetrieb mit allem Drum und Dran entwickelt.

Seilbahn nach Gwongeumseong (권금성 케이블카)

▶ S. 145, F 1 (im nördl. Teil des Parks)

901 m liest man verwundert auf den Andenken, die oben auf dem Gipfel an den Ruinen der goryeozeitlichen Festung Gwongeumseong von der Bergrettung verkauft werden. Die Felsenkulisse, die Fahrt mit der Seilbahn und der – zugegeben kurze – Aufstieg durch das Geröllfeld lassen einen denken, man sei viel höher gekommen. In der Ferne blitzt das Meer zwischen den Bergen hindurch, und unten im Tal reckt sich die riesige Buddha-Statue am Sinheungs-Tempel in den Himmel; der Ausblick auf das Seoraksan-Gebirge ist gigantisch. Da die Seilbahn sehr beliebt ist, entstehen in der Hauptsaison Wartezeiten von 2–3 Std. Tipp: Kaufen Sie erst die Karten für die nächste Abfahrtszeit und erkunden Sie in der Wartezeit den Park.
Saisonabhängig tgl. 7.30/8.30–17/18.30 Uhr (Seilbahn alle 30 Min.) • Rückfahrticket 9 000 Won

Sinheungsa-Tempel (신흥사)

▶ S. 145, F 1 (im nördl. Teil des Parks)

Selbst wer kein Wanderfreund ist, kann sich diesen Tempel anschauen, denn er liegt nur etwa 10 Min. Fußweg vom meistfrequentierten Eingang des Nationalparks entfernt. Besonders sehenswert ist der große Bronzebuddha mit einer imposanten Flammenmandorla. Auf dem Altar vor der Statue entzünden Besucher wohlriechende Räucherstäbchen, die das ganze Tal mit ihrem Duft erfüllen. Man spaziert über einen kleinen

Mit seinem wilden Gipfelpanorama gehört der Seoraksan-Nationalpark (▶ S. 65) zu den schönsten Landschaften Koreas – besonders bei einer solchen Wolkenstimmung.

Bergbach und schon sieht man auf dem Weg zum Gipfel Ulsanbawi die efeuberankte Tempelmauer. Begrüßt werden Besucher am Tempeltor von einem exzellenten Beispiel der vier buddhistischen Himmelskönige.

tgl. 6 Uhr–Sonnenuntergang •
Eintritt 2500 Won

Ulsanbawi-Gipfel (울산바위)

▶ S. 145, F 1 (im nördl. Teil des Parks)

Etwa auf halber Strecke vom Eingang bis zum höchsten Punkt der Ulsanbawi-Route befindet sich eine der kuriosesten Attraktionen des Nationalparks, der **Wackelfelsen Heundeulbawi** (흔들바위). Dieser runde Fels liegt in einer Position auf einem Felsplateau, dass er zwar hin- und herwackelbar ist, aber nie aus seiner kleinen Kuhle herauskommt, selbst wenn eine ganze Wandergruppe zerrt und schiebt – versucht wird es seit

Jahrzehnten. Hinter der kleinen Einsiedelei am Felsen beginnt der etwas steilere Aufstieg zu einem der beeindruckendsten Felsen des Parks, dem Ulsanbawi. Er stammt, wie der Name schon sagt, angeblich aus Ulsan, und als dereinst im Geumgang-Gebirge eine Versammlung aller Berge Koreas stattfand, da war er auf seiner Reise von der Schönheit der hiesigen Landschaft so verzückt, dass er beschloss, die Versammlung zu schwänzen, die Heimat aufzugeben und lieber im Seoraksan-Gebirge zu bleiben.

ÜBERNACHTEN
Hanwha Resort Seorak

▶ S. 145, F 1

Entspannend • Architektonisch ein Desaster, aber mit allen Annehmlichkeiten ausgestattet. Der integrierte Wasserpark Seorak Waterpia ist einer der besten des ganzen Landes.

Der Sinheungsa-Tempel gehört zu den kulturellen Highlights des Seoraksan-National-parks (▶ S. 66). Der Bronzebuddha ist mit seinem Granitsockel über 10 Meter hoch.

59 Hanhwa-gil, Jangsa-dong, Sokcho-si • Reservierungen: Tel. 1588-2299 oder online • www.hanwharesort.co.kr • 1 564 Zimmer • €€€

Cheongho Pension (청호펜션)
▶ S. 145, F 1

Malerisch am Gebirgsbach • Etwas abseits einer kleinen Gebirgsstraße und an einem Bach gelegen, bietet diese Pension moderne, einfache Zimmer, die alle einen Blick auf die umliegenden Berge bieten.
876 Yongdae-ri, Buk-myeon, Inje-gun • Reservierungen: Tel. 033-461 3655 • 18 Zimmer • €–€€

AKTIVITÄTEN
Seorak Waterpia   ▶ S. 145, F 1

Die naheliegendste Aktivität in einem Gebirge ist natürlich Wandern, und wer fleißig gewandert ist, möchte anschließend seine Muskeln entspan-nen. Wo geht das besser als in 49 Grad warmem Heilquellwasser? Das Seorak Waterpia ist eine gigantische Well-ness- und Spaanlage, die mit unter-schiedlichsten Becken, Saunen und Unterhaltungsangeboten keine Wün-sche offen lässt.
www.seorakwaterpia.com • tgl. 10–21 (Becken), 6–23 Uhr (sonstige Anlagen)

Sobaeksan-Nationalpark (소백산 국립공원)
▶ S. 147, D 6–7

Selbst viele Koreaner kennen diesen Nationalpark, der ein Teil des mäch-tigen Taebaek-Gebirgskamms ist, nur von Fotos. Ein Glück, möchte man meinen, denn so haben sich Flora und Fauna hier noch sehr ursprünglich erhalten. Auf der Hochebene blühen wunderbare Azaleen und Eibische, in den Bächen schwimmen Forellen.

english.knps.or.kr/Knp/Sobaeksan • tgl. 2 Std. vor Sonnenauf- bis 2 Std. nach Sonnenuntergang • Eintritt frei

SEHENSWERTES
Guinsa-Tempel (구인사)

In einem Tal der Sobaeksan-Berge liegt ein außergewöhnlicher Buddha-Tempel, Hauptsitz der mystischen, einstmals mächtigen Cheontae-Sekte. 1945 wurde die Sekte wiederbelebt und ist jetzt mit 2 Mio. Anhängern die drittgrößte buddhistische Gemeinschaft Koreas. Anstelle der im Koreakrieg abgebrannten Anlage erhebt sich nun ein Komplex aus 50 Gebäuden, bis zu sieben Stockwerke hoch und überreich verziert.

ÜBERNACHTEN
High1 Resort   ▶ S. 147, E 6

Weltklasse • Bevor das Alpensia Resort in Pyeongchang (▶ S. 65) gebaut wurde, war dies das exklusivste Skigebiet der Region. Da es in Konkurrenz zu den anderen Skigebieten Gangwons steht, wird es immer weiterentwickelt. Inzwischen gehören neben dem Skiresort mit Drehrestaurant auf dem Gipfel auch ein Casino, ein Golfplatz, ein Kongresszentrum zu dem Komplex. Es gibt eine direkte Zugverbindung vom Fernbahnhof Cheongnyangni in Seoul nach Gohan. 265 High-1 gil, Sabuk-eup, Jeongsungun • Reservierung: Tel. 1588-7789 • www.high1.co.kr • versch. Hotels

ESSEN UND TRINKEN
Unamjeong (운암정)

Eins der besten des Landes • Gekocht wird von Meistern ihrer Zunft nach traditionellen Rezepten, verwendet werden nur die allerbesten Zutaten. Das Ganze in traditionellen Häusern in einer ebensolchen Gartenanlage.

Beim High1 Skiresort • Tel. 033-590-7631 • tgl. 12–15 und 18–20 Uhr • €€€€

AKTIVITÄTEN
Auraji Railbike   ▶ S. 147, E 5

Das Café, das zwei Heuschrecken bei der Paarung nachempfunden ist, ist sicher ein Hingucker, doch Auraji ist v. a. ein landschaftlich reizvolles Gebiet am Zusammenfluss mehrerer Wasserläufe. Früher war hier der Hauptumschlagsplatz für Holz, das auf Flößen aus der bergigen Region in die Hauptstadt gebracht wurde. »Railbikes« wiederum sind Wagen, die auf alte Schienen gesetzt und mit eigener Pedalkraft angetrieben werden. Die 7,2 km lange Strecke einer stillgelegten Bergwerkslinie geht sanft bergab, sodass man ohne Anstrengung Geschwindigkeit aufnimmt. Zurück zum Ausgangspunkt geht's mit dem kostenlosen Bummelzug. Eisenbahnenthusiasten können sogar in einem umgebauten Zug luxuriös übernachten. Südl. Daegwallyeong • www.railbike.co.kr • tgl. 9–18 Uhr • 2-Personen-Wagen 22 000 Won

Sokcho und Yangyang (속초 & 양양)

▶ S. 145, F 1 und F 2
85 000 Einwohner

Sokcho bildet gemeinsam mit der direkt angrenzenden Nachbarstadt Yangyang mit dem Flughafen eines der beiden großen Ballungszentren an der Ostküste. Zudem gilt die Stadt als »glücklichste Stadt« Südkoreas – aus dem scheinbar einfachen Grund, dass sie in Südkorea liegen darf. Wäre es nach dem Willen der Besatzungsmächte nach dem Zweiten Weltkrieg gegangen, wäre Sokcho heute nordkoreanisch, weil es nördlich des 38. Breitengrads liegt. Doch durch den nord-koreanischen Angriff auf den Süden und den andauernden Stellungskrieg wurde es bei den Waffenstillstands-verhandlungen dem Süden zugeschlagen. Heute ist Sokcho eine lebendige Stadt, die von Tourismus und Fischerei lebt und mit Meer, Binnenmeer und Bergen im Hintergrund landschaftlich gesegnet ist.

SEHENSWERTES
Hajodae (하조대)

Hajodae ist ein schöner Strand mit sanft abfallender Küstenlinie, den man am besten auf einem längeren Küstenspaziergang erwandert. Man passiert einen kleinen Leuchtturm, einen historisch bedeutenden Pavillon und markante Felsformationen.
Jojun-gil, Hyeonbuk-myeon, Yangyang-gun

Naksan-Strand und-Tempel (낙산사) ▶ S. 145, F 2

Der 4 km lange Sandstrand von Naksan ist meist nicht so überlaufen wie seine großen Brüder in der Umgebung. Es gibt hier kaum größere Hotels, dafür viele Pensionen, die sich an reisende Familien richten und sehr persönlich geführt sind.

Direkt vom Strand führt ein Weg hinauf zum **Tempel Naksansa**, der vor wenigen Jahren durch ein Feuer fast vollständig zerstört wurde. Fast, denn die berühmte kleine Andachtshalle ganz am Ende der Anlage, auf zwei Felsklippen ruhend und direkt über dem Meer gebaut, bot den Mönchen Zuflucht, als das Feuer ausbrach. Durch ein verglastes Loch im Holzboden sieht man Dutzende Meter unterhalb die Wellen gegen die Felsen tosen, auf denen das Gebäude ruht;

Die Insel Ulleung-do ist zwar eine Stunde mit der Fähre von der Küste entfernt, ihre ungewöhnliche Landschaft macht sie aber zu einem MERIAN-Tipp (▶ S. 71).

so kann man die Dramatik der damaligen Ereignisse nachfühlen. Obwohl viele Gebäude nach dem Brand neu errichtet wurden, hat der Tempel wenig von seinem Charme verloren. Von der obersten Plattform mit der Avalokitesvara-Statue öffnet sich ein Rundblick über Küste und Gebirge.
100 Naksansa-ro, Ganghyeon-myeon, Yangyang-gun •
tgl. 6–20.30 Uhr • Eintritt frei

ÜBERNACHTEN
Daemyung Sol Beach

Viele Aktivitäten • Dieses Hotel und Resort gehört zur in Korea für sehr gute Qualität bekannten Kette Daemyung, die an wichtigen landschaftlich schönen Orten im Land moderne Touristenkomplexe unterhält. Von Karaoke bis Yoga, von Ergotherapie bis Brettspiele, gerade für Familien ist hier an alles gedacht.
678 Seonsayujeok-ro, Sonyang-myeon, Yangyang-gun • www.sol beach.co.kr • 214 Zimmer • €€€€

ESSEN UND TRINKEN
Bukcheong Abai Sundae (북청아바이순대)

Regionale Spezialitäten • Direkt zwischen Binnenmeer und Stadtstrand von Sokcho gelegen, bietet dieses recht einfach aussehende Restaurant, was der Koreaner liebt: reichen Geschmack ohne viel Schnickschnack. Spezialität des Hauses ist Abai Sundae, eine Blutwurst. Für den westlichen Geschmack aber empfehlenswerter ist »Ojingeo Sundae«, die mit Gemüse und Fleisch gefüllte, dann gedämpfte und anschließend noch meist leicht in Eigelb frittierte Tintenfischwurst der Region.
7-2 Abaimaeul-gil, Sokcho-si •
Tel. 033-632-7243 • €€€

MERIAN -Tipp

INSEL ULLEUNG-DO (울릉도)
▶ S. 147, östl. F 5

Nur 10 km im Durchmesser und doch misst die höchste Erhebung der Insel 984 m. Ein Wanderweg von der Inselhauptstadt **Dodong** führt vorbei an Klippen und Grotten und durch einen Bambushain bis zur nächsten Bucht und zu einem possierlichen Leuchtturm. Ein Ausflug Richtung **Nari-Becken**, dem Krater des Vulkangipfels, wird durch die Sicht auf einen wunderbaren Wasserfall gekrönt, im Nordwesten kann man den imposanten **Gipfel Seonginbong** sehen, der nicht nur im Nebel aussieht wie die Kulisse eines Piratenfilms. Auch die vielen kleinen Schreine, Gräber, bizarren Fels- und Klippenformationen wirken wie aus einer anderen Welt. Im betont nationalistischen **Dokdo-Museum** der Inselhauptstadt, von der auch die Fähren zur noch weiter östlich gelegenen **Dokdo-Inselgruppe** fahren, wird man wieder in die politische Realität des schwelenden Streits zwischen Japan und Korea über das Gebiet geholt.
Ca. 1 Std. mit der Passagierfähre von Mukho, ca. 3 Std. mit der Autofähre von Pohang • Häfen: Mukho (Tel. 033-531-5891, ▶ S. 147, E 5) und Pohang (054-242-5111) • www.ulleung.go.kr/english

SERVICE
Touristinformation

Am Sonnenaufgangspark Haemaji, 3664 Donghae-daero, Sokcho-si •
Tel. 033-635-2003 • tgl. 9–18 Uhr •
Filiale im Express Bus Terminal

Zentralkorea

Zwei ehemalige Hauptstädte des Baekje-Reichs befinden
sich in dieser Region. Jahrhundertealte archäologische
Schätze werden nicht nur Geschichtsfans begeistern.

◀ Das Nationalmuseum Buyeo

Beopjusa Tempel (handwritten)

...kte
...eit.

...nd eine
...das aus
...**buk-do**
...beste-
...te Stadt
...Koreas,
...deren
...ifahren
...rt gibt
...für die
...malbä-
...gedei-
...starten.
...beiden
...o und
...ogische
...ell war
...rab bei
...breitete
...Mis-
...sogar

...aus Indien. Davon zeugen heute noch viele Tempel und Kultbilder.

Beopjusa-Tempel
(법주사)   ▶ S. 149, E 9

Nach einem kurzen Weg durch einen Eichenwald betritt man die friedliche Anlage mit alten Holzbauten und dem hochaufragenden modernen Buddha. Heute besteht der Tempel aus 20 Gebäuden, die nach der Verwüstung im japanischen Krieg um 1600 errichtet wurden. Kaum vorstellbar, dass der schon im 6. Jh. gegründete Beopjusa einmal 60 Gebäude und 70 Einsiedeleien umfasste. Davon kündet nur noch ein riesiger eiserner Kochtopf, in dem für 3 000 Mönche Reis gekocht wurde. Aus der Gründungszeit stammen einige seltene Steinmetzarbeiten wie die Laterne auf einem Löwensockel. Die mit ihren fünf Stockwerken einzigartige Holzpagode **Palsangjeon** ist nicht nur ein Nationalschatz, das Original von 553 war auch Vorbild für den Horyuji-Bau im japanischen Nara. Sehenswert ist die Myeongbujeon-Halle für Bodhisattva Jijang, an den Außenwänden sind grausame Höllenqualen minuziös dargestellt. Im Freien steht Mireuk, der Buddha der Zukunft, die Hoffnung auf Frieden. Das erste, im Imjin-Krieg zerstörte Standbild wurde hier 776 für die Vereinigung der Drei Reiche errichtet. Nach dem Koreakrieg baute man schnell eine Zementstatue, die 1991 mit Spenden aus ganz Korea durch eine anmutige, 33 m hohe vergoldete Bronzestatue ersetzt wurde.

405 Beopjusa-ro, Sokrisan-myeon, Boeun-gun • www.beopjusa.org • tgl. 6–18 Uhr • tgl. 5–17 Uhr • Eintritt 4 000 Won

ÜBERNACHTEN
Lake Hills Songnisan

Top-Lage • Am Eingang zum Beopjusa-Tempel, in der Nähe von Restaurants und Spezialitätenläden.
305 Beopjusa-ro, Sokrisan-myeon, Boeun-gun • Tel. 0 43-542-5281 • 132 Zimmer, davon 90 Ondol-Zimmer • €€

Buyeo (부여)   ▶ S. 148, C 10
25 000 Einwohner

Ein verschlafenes Städtchen – doch mit einigen Sehenswürdigkeiten, denn hier war 538–660 die dritte und letzte Hauptstadt von Baekje. Das Wahrzeichen, ein Weihrauchbrenner, steht als Original im Museum und als Skulptur im Stadtzentrum. Dort erinnert auch ein Denkmal für General Gyebaek an den Widerstand gegen die übermächtigen Eroberer aus Silla.

SEHENSWERTES
Baekje-Königsgräber von Neungsan-ri (능산리 백제왕릉)

3 km von der Stadt entfernt liegen sieben Tumuli, die Gräber der letzten Baekje-Könige. Eine der Steinkammern ist mit Wandmalereien geschmückt: Drache, Tiger, Schildkröte und Schlange, die Beschützer der vier Himmelsrichtungen. Die Replik einer Grabkammer mit Beigaben ist zu besichtigen, die Originale befinden sich im Museum. 1993 fand man den schönen Weihrauchbrenner auf dem Gelände des längst vergangenen, im Jahr 567 gegründeten Tempels.

16-1 Neungsan-ri, Buyeo-eup • tgl. 8–18, im Winter 8–17 Uhr • Eintritt 1 000 Won

Busosanseong-Bergfestung (부소산성)

Auf dem Hügel am Fluss Baengmagang befand sich der Baekje-Palast. Vom Aussichtspavillon am **Nakhwaam**, dem »Felsen der fallenden Blumen«, hat man einen herrlichen Blick. Hier stürzten sich der Legende nach beim Angriff von Silla 3 000 Frauen des Baekje-Hofes hinunter. Lieber tot als in Feindeshand! Ein Wandgemälde des Tempelchens **Goransa** zeigt die tragische Szene – ein idealer Stoff für die beliebten historischen Seifenopern. Hier sprudelt eine Quelle, aus der die Könige tranken, aber in Maßen – nur ein Becher verjüngt um drei Jahre.

Nov.–Feb. tgl. 7–17, sonst bis 18 Uhr • Eintritt 2 000 Won

Jeongrimsaji (정림사지)

In der Nähe des Nationalmuseums liegt die Stätte eines der wichtigsten Tempel von Baekje. Nur noch eine fünfstufige Steinpagode ist vorhanden, die Nr. 9 von über 300 koreanischen Nationalschätzen, denn es sind nur zwei steinerne Pagoden des 7. Jh. erhalten. Die Ausstellungshalle informiert über den Buddhismus von Baekje und zeigt ein Modell des Tempels zu seiner Blütezeit.

379 Dongnam-ri, Buyeo-eup • Di–So 9–19 Uhr • Eintritt 1 500 Won

MUSEEN
Nationalmuseum Buyeo (국립부여박물관)

Etwa 10 000 Exponate von der Bronze- bis zur Joseon-Zeit zeugen von der historischen Bedeutung der Region. Die Abteilung für Frühgeschichte zeigt bemerkenswerte Steindolche, metallene Schamaneninstrumente und Jadeschmuck. Die Hauptattraktion, der 1993 in Neungsan-ri gefundene vergoldete Weihrauchbrenner, stellt ein daoistisches Paradies dar, eine von Menschen, Unsterblichen, Tieren und Fabeltieren bevölkerte Berglandschaft. In der Abteilung für buddhistische Kunst faszinieren die Skulpturen mit ihrem berühmten Lächeln.

San 16-1, Dongnam-ri • http://buyeo.museum.go.kr • Di–So 9–18 Uhr • Eintritt 400 Won, Audioguide 3 000 Won

ÜBERNACHTEN
Lotte Buyeo Resort

Luxus mit Flair • Erst 2010 wurde das Resort mit Badelandschaft eröffnet. Die Gebäude haben geschwungene Formen wie eine Festungsmauer.

400 Baekjemun-ro Gyuam-myeon, Buyeo-gun • Tel. 0 41-939-1100 • 322 Zimmer • €€€

Baekje Tourist Hotel

Zentral gelegen • Hier kann man zwischen westlich und koreanisch eingerichteten Zimmern wählen.

108 Bukpo-ro, Buyeo-eup • Tel.
02-3480-0166 • 40 Zimmer • €€

ESSEN UND TRINKEN
Gudurae Dolssambap
(구드래 돌쌈밥)

Reis mit Gemüserollen • Hier wird
regionale Küche u. a. mit seltenen
Gemüsen geboten, alles bio.
31 Naruteo-ro, Buyeo-eup • Tel. 041-
836-9259 • tgl. 10-22 Uhr • €–€€

SERVICE
Touristinformation

Am Eingang des Busosanseong-
Festungsparks • Tel. 041-830 2330 •
www.buyeotour.net •
tgl. 9–18 Uhr

Ziel in der Umgebung
◎ **Gwanchoksa-Tempel**
(관촉사)   ▶ S. 149, D 10

Gewaltig: die 33 m hohe Bronzestatue
im Beopjusa-Tempel (▶ S. 73).

Bei Nonsan, dem koreanischen Erd-
beer-Zentrum, liegt dieser unscheinbare Tempel. Seine wahrhaft große
Attraktion ist eine Figur von mysti-
scher Schönheit. Der **Eunjin-Mireuk**
ist der mit 18 m höchste Stein-Buddha
Koreas: Allein das Ohr ist 1,8 m lang
und der Hut 2,4 m. Die Figur stammt
vom Beginn der Goryeo-Zeit, aus der
nur sehr wenige Skulpturen erhalten
sind. Sie wurde in knapp 40 Jahren
erschaffen, denn wahrscheinlich war
sie erst als Bodhisattva Avalokitesvara geplant, auf dessen Haupt ein
Buddha stand. Als der messianische
Kult um den Zukunftsbuddha Mai-
treya sich verbreitete, wurde der obere
Teil in einen Hut umgearbeitet und
mit Steinplatten versehen. Diese vom
strengen buddhistischen Kunstkanon
abweichende Darstellung ist ein
Regionalstil der Provinz Chungche-
ong-do, eine ähnliche Figur befindet
sich z.B. im Daejosa von Buyeo.

25 Gwanchok-ro 1beon-gil, Non-
san-si • tgl. 4 Uhr–nach Sonnenuntergang • Eintritt 1 500 Won
20 km südöstl. von Buyeo

Cheongju (청주)
                        ▶ S. 146, B 7

600 000 Einwohner
Für Zentralkorea fungiert die Provinzhauptstadt als Verkehrsknoten-
punkt: In der Kolonialzeit wurde eine
Eisenbahnlinie gebaut, 50 Jahre später
ein Flughafen. Berühmt ist die Stadt
als Geburtsort des Buchdrucks, dem
u.a. eine Straße mit Schriften aus aller Welt, die **Letter Street**, gewidmet
ist. An dieses Erbe knüpft Cheongju
mit dem Kunsthandwerksfestival **International Crafts Biennale** an. Im
Innenstadtviertel Sangdang-gu sind
einige denkmalgeschützte Bauten der
frühen Moderne mit japanischen und
Art-Déco-Elementen zu bewundern.

MUSEEN
Museum der frühen Druckkunst (청주 고인쇄박물관)

Es ist unglaublich, dass Koreas Vorreiterrolle beim Buchdruck in Vergessenheit geriet. Ende des 14. Jh. – 78 Jahre vor Gutenberg – wurde das **Jikji** im Heungdeoksa-Tempel gedruckt. Dieser buddhistische Katechismus ist das älteste erhaltene, mit beweglichen Lettern gedruckte Buch. Den einzigen Band erwarb der französische Konsul in Korea um 1900, ohne seine Bedeutung zu kennen; erst später wurde das Werk in der Pariser Nationalbibliothek identifiziert. Auch der Heungdeoksa-Tempel wurde erst 1984 wiederentdeckt und teilweise wiederaufgebaut. Hier befindet sich das Museum, in dem buddhistische und konfuzianische Bücher ausgestellt sind. Vom Jikji sieht man eine Replik.

713 Jikji-daero, Heungdeok-gu • jikjiworld.cheongju.go.kr • Di–So 9–18 Uhr • Eintritt 800 Won

ÜBERNACHTEN
Ramada Plaza Cheongju

Großer Komplex • Das einzige Hotel mit internationalem Standard. Am Ortsrand, nicht weit vom Flughafen.

500-3 Yulryangdong, Sangdang-gu • Tel. 043-2901 000 • 328 Zimmer • €€

SERVICE
Touristinformation

1449 Gagyeong-dong, Heungdeok-gu • www.cheongju.go.kr • tgl. 9–18 Uhr

Ziel in der Umgebung
◎ Reiswein-Brauerei Sewang (세왕)   ▶ S. 146, B 7

Eine Stunde von Cheongju entfernt im Kreis Jincheon-gun, der für seinen Reis berühmt ist, liegt eine der wenigen, noch produzierenden historischen **Brauereien** Koreas. In der dritten Generation stellt Sewang nach alten und innovativen Rezepten »Makgeolli« und »Yakju« (▶ S. 17) her, mit dem sie auch koreanische Präsidenten belieferten. In der Brauerei, einem japanischen Holzhaus von 1930, ist alles noch so wie damals und denkmalgeschützt. 2001 wäre sie beinahe abgerissen worden, aber Korea – vor allem die Jugend – hat seine Reisweine wiederentdeckt, und nun kann man sie hier in einem witzigen Neubau verkosten.

572-16 Yongmong-ri, Deoksan-myeon, Jincheon-gun • Tel. 043-536 3567 24 km nördl. von Cheongju

Chungju (충주)   ▶ S. 146, C 7
220 000 Einwohner

Früher trafen in dieser Gegend die Drei Reiche Silla, Baekje und Goguryeo aufeinander, und später wurde hier mit der Pagode **Jungangtap** das Zentrum des Vereinten Silla-Reiches markiert. Sie steht 20 km von der Stadt entfernt. Das kulturelle Erbe wird in Chungju mit zwei Festivals thematisiert: die Kampfkunst Taekkyeon mit dem **World Martial Arts Festival** und die Musik auf der Zither Gayageum, deren Erfinder Ureuk im 6. Jh. hier lebte. Heute ist die Stadt Chungju vor allem Ausgangspunkt für Ausflüge in die schöne Landschaft um den Chungjuho-See, in die Berge des **Woraksan** und zu den Thermalquellen von Suanbo.

SERVICE
Touristinformation

Im Busbahnhof • Tel. 043-850 7329 • tgl. 9–18 Uhr

Ziele in der Umgebung
◎ Chungjuho-See (충주호)
▶ S. 146, C 6/7

Der mit 100 qkm größte See Kore-as liegt malerisch am Fuß der 700 m hohen Woraksan-Berge. Er entstand 1985 durch Aufstauung des Flusses Namhangang. Der imposante Damm war mit seinen 450 m Länge und 100 m Höhe damals einer der größ-ten in Asien. Heute verzeichnet das schöne Chungju Lake Resort jährlich 5 Mio. Besucher. Auf dem See ver-kehren Ausflugsboote auf mehreren Routen. Besonders reizvoll ist die zweistündige Fahrt ins 50 km ent-fernte Danyang, vorbei an grünen Wäldern und gezackten Berggipfeln.
5 km östl. von Chungju

◎ Thermalquellen von Suanbo
(수안보온천)   ▶ S. 146, C 7

Schon seit über 1000 Jahren wird das geruchlose weiche Quellwasser ge-nutzt, das mit 53 Grad an die Ober-fläche kommt. Heute bietet der Ort am Woraksan-Nationalpark eine Viel-zahl von Hotels und einen Golfplatz, besondere kulinarische Genüsse sind Fasan, Ente und Kaninchen.
Touristinformation am Busbahnhof
21 km südl. von Chungju

Daejeon (대전)
▶ S. 149, D 9/10

1,5 Mio. Einwohner

Die fünftgrößte Stadt Koreas ist Sitz vieler öffentlicher und privat-wirtschaftlicher Forschungseinrich-tungen, ihr Bezirk Daedeok Inno-polis wird gern mit Silicon Valley verglichen. Daejeon weist keine he-rausragenden Sehenswürdigkeiten auf. Im abwechslungsreich gestalteten, aber doch verwaisten kleinen Expo Science Park für die Ausstellung 1993 liegt ein kindgerechtes Wissenschafts-museum. Von hier aus kann man über die Expo Bridge zu einem Spaziergang in den Botanischen Garten Hanbat Arboretum gehen. Daejeon ist vor allem ein günstiger Ausgangspunkt für Touren zu den Nationalparks Gye-ryongsan und Songnisan. Angenehm übernachtet man in den Thermalbad-Hotels des Stadtteils Yuseong.

MUSEEN
Hanbat Museum of Education
(한밭교육박물관)

Im ältesten modernen Gebäude der Stadt, einer Schule von 1938, wird die Entwicklung der Bildung in Korea von der konfuzianischen Tradition bis zur Frühmoderne mit einer Fülle von interessanten Materialien dargestellt.
96 Uam-ro, Dong-gu • Di–Do
9.30–17 Uhr • Eintritt frei

Währungsmuseum der Koreani-schen Münze (대전 화폐박물관)

Koreanische Münzen, Banknoten und andere Zahlungsmittel von der Früh-geschichte bis heute.
80-67 Gwahak-ro, Yuseong-gu •
http://museum.komsco.com • Di–So
10–17 Uhr • Eintritt 4 000 Won

ESSEN UND TRINKEN
Manna (만나)

Mehrere Filialen • Hier wird einhei-mische, aber auch Gourmetküche an-derer asiatischer Länder serviert.
16 Gyeryong-ro 87 beon-gil,
Yuseong-gu • Tel. 042-825 2001 •
tgl. 11–23 Uhr • €€–€€€
Filiale: 502-1 Suik Tower Food Store,
2. Stock • Tel. 042-628 9290

EINKAUFEN

Im Won-dong-Viertel unweit des Bahnhofs im alten Stadtzentrum gibt

Das Grab des Königs Muryeong (▶ S. 80) war eine Sensation, weil es nicht ausgeraubt war. Die Grabbeigaben kann man im Museum in Gongju bewundern.

es einen traditionellen Markt, den **Jungang Sijang**, der sich über mehrere Blocks erstreckt. Gleich daneben liegt eine Straße mit etwa 300 Läden für Hanbok, die bunte koreanische Tracht. Unzählige Geschäfte für Kräutermedizin und Ginseng befinden sich im Viertel **Busa-dong**.

SERVICE
Touristinformation
Am Busbahnhof • Tel. 042-632 1770 • tgl. 9–18 Uhr
Am Bahnhof • Tel. 042-221-1905 • tgl. 9–18 Uhr

Ziele in der Umgebung
◎ **Gyeryongsan-Nationalpark**
(계룡산)   ▶ S. 149, D 9/10
Im Südwesten von Daejeon erheben sich die 15 Gipfel des Gyeryeongsan, der höchste bis 845 m. Seit der Baekje-Zeit waren diese Berge heilig

– so heilig, dass Könige mehrmals auf Anraten ihrer Geomantiker die Hauptstadt hierher verlegen wollten, doch das unwegsame Terrain ließ es nicht zu. Es entstanden jedoch viele buddhistische, schamanistische und daoistische Kultstätten, sodass der Nationalpark heutzutage auch deswegen gut besucht ist. Die wichtigsten Tempel sind der **Donghaksa** im Osten und der **Gapsa** im Nordwesten. http://english.knps.or.kr/knp/gyeryongsan • tgl. 6–19, Touristinformation am Parkeingang tgl. 9–18 Uhr • Eintritt 2 000 Won 10 km westl. von Daejeon; Bus von Daejeon bis Donghaksa 70 Min., bis Gapsa 60 Min.

Danyang (단양)   ▶ S. 147, D 7
32 000 Einwohner
In Korea ist das Städtchen für die **Danyang Palgyeong** berühmt, die

in vielen Gedichten besungenen »Acht Landschaftsschönheiten«. Ein Gouverneur entdeckte sie im 16. Jh. und machte sie landesweit bei seinen Kollegen bekannt, sodass immer mehr Schreine, Pavillons und konfuzianische Akademien entstanden. Auch heute werden Besucher von den wunderlichen Kalksteinformationen, mehreren erschlossenen Höhlen und den Bergwanderwegen in den Nationalparks **Sobaeksan** und **Woraksan** angezogen. Die regionale Küche ist von Knoblauch geprägt, im Herbst findet ein großer Knoblauchmarkt statt.

ÜBERNACHTEN
Daemyung Resort

Thermalbad im Haus • Eine große moderne Anlage mit netten Zimmern und dem riesigen Spa-Komplex Aqua World für die Entspannung nach Wanderungen.
187-17 Sambong-ro Danyang-eup • Tel. 15 88-48 88 • www.daemyung resort.com • 856 Zimmer • €€€–€€€€

SERVICE
Touristinformation

An der Brücke • Tel. 043-4221 146

Ziel in der Umgebung
◎ Gosu-Höhle (고수동굴)

▶ S. 147, D 7

Erst in den 1970ern wurde die 1300 m lange und damit größte Höhle der Gegend entdeckt. Von dem gut ausgebauten Weg sieht man, dezent ausgeleuchtet, 120 erstaunliche Tropfsteinformationen. Die Höhle ist mit öffentlichen Verkehrsmitteln vom Busbahnhof in der Stadt Danyang gut erreichbar.
tgl. 9–18 Uhr • Eintritt 4 300 Won
2 km östl. von Danyang

Gongju (공주)   ▶ S. 149, D 9
130 000 Einwohner

Die Stadt breitet sich an beiden Ufern des Geumgang-Flusses aus. Auf der Südseite, dem Gebiet der jetzigen Altstadt, lag Ungjin, 475 bis 538 die Hauptstadt von Baekje. Daher besitzt Gongju ein reiches Kulturerbe. Die Küche ist bekannt für ihren im Lotosblatt gedämpften Reis, für Ginkgonüsse und Ginsengschnaps. Auch einen Bezug zur Zukunft gibt es. 2003 stellte Präsident Roh Moo-hyun seine Idee vor, die Hauptstadt Südkoreas von Seoul in eine neue Planstadt **Sejong City** bei Gongju zu verlegen. Das Mammutprojekt sollte 2012 fertiggestellt werden. Im Jahr 2009 kam der damalige Premierminister Chung Un-Chan zu der Erkenntnis, dass diese Maßnahme überhaupt nicht wirtschaftlich sei. Präsident Lee Myung-Bak stimmte zu. Sein Vorschlag, Sejong City zu einem Zentrum für Wissenschaft und Bildung auszubauen wurde jedoch gekippt, weshalb Myung-Bak zurücktrat. Dennoch sollen schon bald neun Ministerien und andere Institutionen in Sejong City ihren Sitz erhalten.

SEHENSWERTES
Gongsanseong-Festung (공산성)

Auf der Erhebung am Fluss lag in der Baekje-Zeit ein Bollwerk aus Stampferde, über dem die Joseon-zeitliche Festung entstand. Beim 2,6 km langen Rundweg um die Steinmauer sieht man noch Teile des Erdwalls. Im Nordwesten gewährt ein Aussichtspavillon einen schönen Blick über den Fluss, im Südwesten beim Ssangsujeong-Pavillon stand vermutlich der Baekje-Palast. An manchen Sommerwochenenden spielen 30 Mann in historischen Kostümen am Haupteingang Geumseoru die Wachablösung nach. Von August bis September wird im Park ein Kunstevent veranstaltet.

tgl. 9–18 Uhr • Eintritt 1 200 Won

Grab des Königs Muryeong in Songsan-ri (무령왕릉)

Zufällig wurde 1971 bei Arbeiten an bereits erforschten Gräbern ein weiteres Begräbnis entdeckt. Ein aufsehenerregender Fund, da es als Einziges der Gruppe von sieben und als eins der wenigen der Baekje-Zeit nicht ausgeraubt war. Fast 3 000 Beigaben, darunter viel Gold, kamen ans Licht. Noch sensationeller: Durch eine Inschrift wurden die Toten als Muryeong, der 25. König von Baekje, und seine Königin identifiziert. Nach der Ausgrabung wurde die Gruft wieder verschlossen. Nun sieht man in Songsan-ri die Tumuli sowie Repliken der Grabkammer und der wichtigsten Beigaben, die Originale sind im Museum ausgestellt. Vom Stadtzentrum ist das Gräberfeld in 20, vom Museum in 15 Min. zu Fuß erreichbar.

tgl. 9–18 Uhr • Eintritt 1 500 Won

MUSEEN
Nationalmuseum Gongju (국립공주박물관)

Hauptattraktion ist der Grabfund des 529 gestorbenen Königs Muryeong. Eine exakte Replik der 4 x 3 x 3 m messenden Grabkammer mit ihren Ziegelwänden und den Särgen sowie eine Multimediapräsentation der Konstruktionstechnik geben einen Eindruck vom Fundort. Das Königspaar war auf Kopf- und Fußstützen gebettet und trug prächtigen Goldschmuck wie Kronen, Ohrringe und Gürtel. Die eigentümlichen Goldschuhe sind sonst nur aus Bestattungen derselben Epoche in der Mandschurei bekannt.

Weitere Ausstellungsräume illustrieren den Buddhismus von Baekje, die antike Musik und anhand einer bebilderten Schriftrolle mit asiatischen Tributgesandten die zwischenstaatlichen Beziehungen der Baekje-Zeit.

34 Gwangwangdanji-gil, Ungjin-dong • http://gongju.museum.go.kr • Di–Fr 9–18, Sa/So bis 19 Uhr • Eintritt frei

ESSEN UND TRINKEN
Daegamun (대가문)

Traditionelles Ambiente • In diesem hübschen Hanok mit bemalten Schiebetüren, Sitzkissen und niedrigen Holztafeln gibt es heimische Küche.

127-18 Sohak-dong • Tel. 041-855 6373 • €€–€€€

SERVICE
Touristinformation

An der Festung • Tel. 041-856-7700 • www.gongju.go.kr/english.do • tgl. 9–18 Uhr

Ziele in der Umgebung
◎ Donghaksa-Tempel (동학사)

▶ S. 149, D 9

Der im 8. Jh. gegründete Tempel ist seit der Silla-Zeit ein Nonnenkloster und heute das größte Ausbildungszentrum für Nonnen in ganz Korea. Ein langer Weg an einem Bach entlang und vorbei an Schreinen für historische Persönlichkeiten führt zum Tempel. Das schönste Gebäude ist die Haupthalle mit reich verzierten Türen. Hinten auf dem Gelände steht die Samseonggak-Halle für die drei schamanistischen Gottheiten, die hier besonders groß und prächtig ist. Das älteste Bauwerk ist die Pagode aus dem Gründungsjahr 723. Der Gesamteindruck des Tempels leidet etwas unter der teils unsensiblen Modernisierung.

Der Magoksa-Tempel wurde als eine der wenigen buddhistischen Stätten im Krieg im 16. Jh. nicht niedergebrannt. Hier befinden sich viele Nationalschätze.

462 Donghaksa 1-ro, Banpo-myeon, Gongju-si •tgl. 6–19 Uhr • Eintritt 2 000 Won
13 km südöstl. von Gongju

◎ Gapsa-Tempel (갑사)
▶ S. 149, D 9

Die heutigen Gebäude stammen zumeist aus dem 17. Jh., doch der Gapsa ist einer der ältesten Tempel Koreas. Er wurde 420 von Ado gegründet, der den Buddhismus nach Silla brachte. Der Mönch wählte diesen Ort, als er einen Lichtschein an einem hohlen Felsen bemerkte. Dorthin waren der Überlieferung zufolge auf Geheiß des indischen Königs Ashoka Buddhareliquien gebracht worden. Die Anlage des Gapsa ist sehr lang gestreckt. Vom Iljumun-Tor bis zum Cheonwangmun-Tor mit den Vier Himmelkönigen geht man gut 1 km unter stattlichen Ahorn- und Aprikosen-bäumen an einem Bach entlang. Die Haupthalle Daeungjeon enthält einen großen Altar mit sieben Statuen und eindrucksvolle Gemälde. Unzählige Statuetten sind in der Halle für Bodhisattva Jijang aufgereiht. Ein eigener Schrein gedenkt der Kriegermönche des 16. Jh., die den Tempel gegen die Japaner verteidigten. Etwas abgelegen befinden sich ein Goryeo-zeitliches Grabmal mit feinen Steinmetzarbeiten und ein kleines Teehaus.

567-3 Gapsa-ro, Gyeryong-myeon, Gongju-si • tgl. 8–18 Uhr • Eintritt 2 000 Won
10 km südl. von Gongju

◎ Magoksa-Tempel (마곡사)
▶ S. 148, C 9

Seine vielen Nationalschätze, die malerische Landschaft am Berg Taehwasan und die Pracht des Blütenmeers im Frühjahr machen den Magoksa zu einem der sehenswertesten Tempel Koreas. Anders als die meisten großen buddhistischen Stätten wurde er im Imjin-Krieg 1592–1598 nur geplündert und nicht niederbrannt. Über einen schönen Fußweg gelangt man zu der durch ein Flüsschen in zwei Höfe getrennten Anlage. So gleicht sie dem Yin-Yang-Symbol und wurde deshalb von der Zerstörung verschont – jedenfalls glauben das viele. Im ersten Hof sind in der Chonguljeon-Halle auf dem Altar sieben große Buddhas und dahinter 1 000 weiße Buddhafigürchen zu sehen. Die Halle des Höllengerichts Myeongbujeon schildert eindrucksvoll die Strafen für Sünder. Vor der Brücke liegt der Pavillon Guksadang mit Porträts bedeutender Mönche, u. a. des Gründers Jajang, der im 7. Jh. wirkte. Im hinteren Hof springt ein merkwürdiger Bau ins Auge, eine steinerne Pagode mit Metallspitze. Der obere Teil ist ein tibetischer Chörten. Experten erklären diese Stilmischung mit der Bauzeit im 13. Jh. und der damals engen Beziehung zwischen Goryeo und den mongolischen Herrschern Chinas, die Anhänger des lamaistischen Buddhismus waren.

966 Magoksa-ro, Sagok-myeon • tgl. Sonnenauf- bis Sonnenuntergang • Eintritt 4 000 Won
10 km nordwestl. von Gongju

Seosan (서산) ▶ S. 144, A 4

160 000 Einwohner
Die Stadt selbst ist nur bei K-Pop-Fans als Geburtsort des mittlerweile auch in Hollywood erfolgreichen Multitalents Rain bekannt, doch die Gegend zieht viele Naturliebhaber an. Über die nahen Häfen an der Küste bestand eine rege Verbindung zwischen Baekje und China. Daher gab es hier schon im 6. Jh. viele mächtige Tempel, doch heute sind sie allesamt ziemlich unbedeutend. Die sehenswertesten sind der **Gaesimsa** am Deoksan-Berg im Kreis Unsan und der **Buseoksa** am Berg Dobisan im Kreis Buseok. Beliebt für Vogelbeobachtung ist das Feuchtgebiet an der **Cheonsuman-Bucht**, ein Überwinterungsort von über 250 teils seltenen Vogelarten. Die beste Zeit ist der November, wenn man ein Spektakel von Weltrang erleben kann: den kunstvollen Abendflug der Baikalente in Gruppen von Zigtausend Vögeln.
www.seosantour.net

Ziele in der Umgebung

◎ Bowonsaji (보원사지) und Buddha-Felsrelief ▶ S. 144, B 4

Das erst 1958 entdeckte Felsrelief **Maae Samjon Bulsang** aus dem 6. Jh. gilt als das schönste in Korea. In der Mitte der Trias steht ein 2,8 m hoher Buddha, rechts ist der Maitreya-Buddha in seiner typischen Haltung – nachdenklich und mit gekreuzten Beinen sitzend – dargestellt. Die Figuren zeigen das für die Baekje-Zeit typische Lächeln. Über den 1 km entfernten Tempel **Bowonsa** ist wenig bekannt, doch sicher war er lange über die Baekje-Ära hinaus eine der wichtigsten Kultstätten der Provinz. Heute sind nur noch einige Steinbauten zu sehen. Der kolossale sitzende Eisen-Buddha aus dem 10. Jh. ist im Nationalmuseum in Seoul ausgestellt.

105 Yonghyeon-ri, Unsan-myeon •
Eintritt frei
12 km östl. von Seosan

◎ Haemieupseong-Festung (해미읍성) ▶ S. 144, B 4

Im Kreis Haemi steht eine kleine restaurierte Burg. Nachdem sie im 15. Jh. als Gefängnis für japanische Piraten gedient hatte, wurden hier 1866 vom strikt konfuzianischen Joseon-Staat 1000 Katholiken interniert, gefoltert und getötet. Später wurden sie als Märtyrer des koreanischen Christentums gewürdigt. Die katholische Kirche in der Nähe ist auch einen Besuch wert.

36-1 Dongmun 1-gil, Haemi-myeon • tgl. 5–21 Uhr • Eintritt frei
12 km südöstl. von Seosan

Songnisan-Nationalpark (속리산 국립공원) ▸ S. 149, E 9

Gezackte Gipfel, schroffe Felsen, tiefe Täler – die reizvolle Landschaft der bis zu 1058 m hohen Songnisan-Berge zieht jährlich 1,5 Mio. Besucher an. Von den zwei Eingängen des Parks ist **Hwabuk** der ruhigere. Der andere, **Boeun-gun**, liegt beim Tempel Beopjusa. An der Straße zum Parkeingang steht die gewaltige 600 Jahre alte **Jeongipum-Kiefer**. Einer Legende des 15. Jh. zufolge hob der Baum seine tief herabhängenden Äste, um den Weg für König Sejos Sänfte freizumachen. Auf seinem Rückweg fand der König bei heftigem Regen unter dem Baum Schutz. Gerührt von der Dienstfertigkeit der Kiefer verlieh er ihr den Ministerrang. In Boeun-gun beginnt auch ein beliebter Pfad, der 8 km weit durch einen besonders schönen Wald führt. Am Ende des Weges liegt der künstliche See **Jangjae** mit einer von Wanderern und Wassersportlern gern genutzten Übernachtungsgelegenheit.

english.knps.or.kr • tgl. 5–19 Uhr • Eintritt Boeun-gun 3800, Hwabuk 1600 Won

Taean-Küsten-Nationalpark (태안해안국립공원) ▸ S. 148, A/B 9

Der Nationalpark umfasst 130 Inseln und Inselchen und ein 230 km langes

Der Taean-Küsten-Nationalpark ist ein 230 Kilometer langes Küstengebiet.

Küstengebiet mit Sandstränden, Dünen, Kiefernwäldern und Sümpfen. Ein Teil der Küste wurde 2007 von einer Ölpest getroffen, mittlerweile hat sich die Natur von dem Unglück erholt. Die bekanntesten der 26 Strände der Gegend sind **Kkotji** auf der Insel Anmyeondo und **Mallipo** beim Städtchen Taean. Nicht weit von dort liegt **Cheollipo Arboretum**, der ehemals private Botanische Garten eines Amerikaners, der nach dem Koreakrieg im Land blieb und bis zu seinem Tod hier lebte. An der 120 km langen Küstenstraße wechseln sich einsame Fischerdörfer mit belebten Strandbädern ab. Der Nationalpark bietet Wanderrouten mit Panoramablick auf die Küsten und das Gelbe Meer.

http://english.knps.or.kr/knp/ taeanhaean

Der Südosten

Diese Region bietet genügend Sehenswertes für eine ganze
Reise: große Städte, Spuren der geistigen Traditionen und
das Erbe des Silla-Reichs, Gebirge und Nationalparks.

◄ Ruf zur Andacht im Buseoksa-Tempel (▸ S. 87) mit großer Trommel und Schlitztrommel in Fischform.

Die Region steht sowohl für Tradition als auch für Moderne und bietet viele Highlights. Die beiden größten Städte **Busan** und **Daegu** sind im Westen wohlbekannt: die erste wegen des internationalen Flughafens, aber auch wegen des Koreakriegs. Der zweite Name beherrschte als Schauplatz der Leichtathletik-WM 2011 tagelang die Sportnachrichten, und nun sind viele auf den Heilkräutermarkt und die verwinkelten Gassen mit den alten Kirchen neugierig geworden.

Die drei großen geistigen Traditionen haben im Südosten eindrucksvolle Zeugnisse hinterlassen. Malerische Dörfer und konfuzianische Akademien findet man bei **Andong**. Die alte Silla-Hauptstadt **Gyeongju** wartet mit herrlichen Goldfunden und einem der beeindruckendsten Tempel des Landes auf. Gebirge mit Naturschönheiten und vielen buddhistischen Stätten gibt es auch, also Gelegenheit zum Wandern und Entspannen.

Andong (안동) ▸ S. 147, E 7

185 000 Einwohner

Heute ist die größte Stadt der Provinz Gyeongsangbuk-do ein beliebtes Reiseziel. Wenig ist noch davon zu spüren, dass hier im Koreakrieg heftige Kämpfe tobten und die Stadt in den 1970ern stark schrumpfte, als viele vom »Wunder am Fluss Hangang« angelockt wurden. Jetzt unternehmen die von urbaner Hektik getriebenen Koreaner in Scharen einen Nostalgie-Trip nach Andong in die gute alte Zeit. Bereits in der Silla-Epoche war die Stadt ein kulturelles Zentrum, doch die Blütezeit kam in der Joseon-

Ära, als der Konfuzianismus den Buddhismus als Staatsideologie ablöste. Die Kenntnis der alten chinesischen Werke wurde zur Voraussetzung für eine Beamtenkarriere, und so entstanden überall Schulen zur Vermittlung des neuen Bildungskanons. Schon bald wies Andong die größte Anzahl von konfuzianischen Akademien (»seowon«) im ganzen Reich auf und behielt diesen Status bis ins 19. Jh., als westliche Ideen in Korea Fuß fassten. Jedoch hat Konfuzius nach 2 500 Jahren keinesfalls ausgedient, sein Ethos

WUSSTEN SIE, DASS …

Andong Drehort für viele Historienfilme ist? Die Dramen um einen Goryeo-König waren die erfolgreichste TV-Serie von 2001. Mittlerweile sind die koreanischen Soap Operas weltweit zu sehen, und sogar ausländische Fans pilgern zu den Drehorten. Hallyu, die »Korea-Welle«, ist Exportschlager und Tourismuswerbung zugleich.

prägt weiterhin alle Gesellschaften in Ostasien. In der Umgebung von Andong liegen etliche sehenswürdige Akademien, zwei bedeutende Tempel und das Bilderbuch-Dorf **Hahoe**. Auch kulinarische Berühmtheit hat Andong erlangt: mit »Jjimdak«, einem scharfen Gericht aus Hühnchen, Kartoffeln und Glasnudeln.

SEHENSWERTES

Bongjeongsa-Tempel (봉정사)

Der 8 km von Andong entfernte Bongjeongsa ist in einer 40-minütigen Busfahrt durch hübsche Dörfer erreichbar. In einer felsigen Gegend mit knorrigen Kiefern gelegen, ist er einer der schönsten Tempel Koreas, obwohl die Anlage mit nur einem Hof recht klein ist. Er ist wie ein Architektur-

Im Volkskundedorf Andong (▶ S. 87) gibt es verschiedene alte Häuser zu besichtigen – von kleinen Hütten bis zu stattlichen Villen.

museum, hier stehen die ältesten Holzhallen von Korea. 672 vom Uisang gegründet, überstanden viele Bauten die Invasionen der Mongolen und der Japaner. Das älteste Gebäude, die schlichte Nirvana-Halle Geungnak-jeon, stammt aus dem 12. Jh. Die Haupthalle Daeungjeon ist 100 bis 200 Jahre jünger und wirkt mit ihrem weit ausladenden Dach über unbemalten Holzwänden besonders ästhetisch. Beide Gebäude enthalten schöne Wandgemälde und drehbare Bibliothekstürme. In der Umgebung sind mehrere Einsiedeleien verstreut. Die malerische Klause **Yeongsanam** war Drehort für den Film »Warum Bodhidharma in den Orient aufbrach«. Die poetisch erzählte, vom Zen geprägte Geschichte machte 1989 auf allen Filmfestivals Furore und verhalf dem koreanischen Film im Westen zum Durchbruch.

222 Bongjeongsa-gil ,Seohu-myeon • Tel. 054-853-4181 • tgl. 8–17 Uhr • Eintritt 2 000 Won

Dosan Seowon-Akademie (도산서원)

1574 gegründet und zu einem großen Komplex angewachsen, ist Dosan Seowon die schönste konfuzianische Akademie Koreas. Der Gründer Toegye Lee Hwang ist auf dem 1 000-Won-Schein abgebildet und wird heute noch wie in alter Zeit mit drei Tage dauernden Riten verehrt. Beim Besichtigen der Unterrichtsräume, Schlafsäle und Schreine zur Verehrung der Meister wird die Kultur der Yangban, der landbesitzenden und gebildeten Beamten lebendig. Unterrichtsinhalte aus Philosophie, Lyrik und Kalligrafie veranschaulichen den Lerneifer und den Prüfungsstress, den es schon damals gab.

680 Toegye-ri, Dosan-myeon • www.
dosanseowon.com • tgl. 9–18, im
Winter 9–17 Uhr • Eintritt 1 500 Won

MUSEEN
Andong Volkskundedorf und -museum (안동민속촌)

Bei der Aufstauung des Flusses Nakdonggang 1976 wurden einige alte
Häuser aus dem Tal gerettet. In einem
Park an einem Nebendamm sind
20 Bauten zu besichtigen, von der
strohgedeckten Bauernkate bis zur
Beamtenvilla. Das Museum zeigt die
Riten des Lebenszyklus sowie Spiele
und bäuerliche Alltagsgegenstände.
784-1 Seonggok-dong, Andong-si •
tgl. 9–18 Uhr • Eintritt 1 000 Won

Andong Soju Museum (안동소주박물관)

Seit Jahrhunderten ist der Reisschnaps
von Andong im ganzen Land berühmt.
In einer der wenigen traditionellen
Destillen, die noch produziert, erfährt
man alles über die Geschichte und die
Herstellung. Auch Queen Elizabeth,
die 1999 ihren Geburtstag in Andong
verbrachte, hat sich hier ein Gläschen
schmecken lassen. Zudem werden
klassische Speisearrangements gezeigt, z. B. für die Ahnenverehrung
und das Erntedankfest Chuseok.
280 Susang-dong, Andong-si •
Tel. 054-852-6800 • www.andong
soju.com • Mo–Sa 9–17.30 Uhr •
Eintritt frei

ÜBERNACHTEN
Andong Park Hotel

Günstige Lage • Das Hotel ist einfach,
aber nahe der Innenstadt gelegen.
2008 wurde es renoviert.
707 Gyeongdong-ro, Andong-si •
Tel. 054-853-1501 • 33 Zimmer,
davon 5 Ondol-Zimmer • €

ESSEN UND TRINKEN
Seoul Galbi Sikdang (서울갈비식당)

Rindfleisch vom Feinsten • Das Traditionshaus für Andong-Küche und
»Galbi« (marinierte Rinderrippchen,
▶ S. 15) gibt es schon seit 1969.
19 Dongheung 1-gil • Tel. 054-859-
6264 • tgl. 11–22 Uhr • €–€€

SERVICE
Touristinformation

218-13 Beonji, Unheung-dong • Tel.
054-852-6800 • www.tourandong.
com • tgl. 9–18 Uhr

Ziele in der Umgebung
◎ Buseoksa-Tempel (부석사)

▶ S. 145, F 4

An einen bewaldeten Berg geschmiegt
liegt der herrliche, von Uisang gegründete Tempel Buseoksa. Namens-
gebend sind die wie schwebend aufgeschichteten Felsplatten, der Legende
nach von einem Drachen hierher gebracht. Eindrucksvoll ist der Weg unter dem Holzgebälk des Torturms
Anyangru, der über eine Treppe mit
108 Stufen zur Haupthalle führt. Dort,
im Muryangsujeon aus dem 12. Jh.,
thront ein sitzender Buddha mit fein
gearbeiteter Mandorla aus Gold, einer
der vielen Nationalschätze des Tempels. Besonders schön sind die mächtige Trommel und der bunte Holzfisch
im Beomjonggak-Pavillon.
345 Buseoksa-ro, Buseok-myeon,
Yeongju-si • tgl. Sonnenauf- bis Sonnenuntergang • Eintritt 1 200 Won
60 km nördl. von Andong

◎ Byeongsan Seowon (병산서원)

▶ S. 147, D 8

Von den vielen Akademien um Andong ist außer Dosan noch Byeongsan
Seowon sehenswert. Sie ist kleiner als

MERIAN-Tipp

**JIRYE KÜNSTLERDORF
(지례예술촌)**   ▶ S. 147, E 8

In der Abgeschiedenheit am Stausee Andongho liegt eine kleine Siedlung aus zwölf bis zu 350 Jahre alten Bauten, darunter ein Schulhaus, ein Ahnenschrein und das Dorfvorstandsamt. Der Name Künstlerdorf ist irreführend, denn es ist keine Künstlergemeinschaft, sondern der Salon des Hausherrn. Kim Won-gil, Schöngeist und Oberhaupt der seit 17. Generationen hier ansässigen und einst mächtigen Sippe, rettete die wertvollsten Häuser seines Dorfs vor dem Untergang im Stausee und machte daraus eine Pension mit vielen kulturellen Aktivitäten. Bei ihm können Besucher authentische Riten erleben. Am schönsten ist es hier im Herbst, wenn man von den Ondol-Zimmern auf den See blickt: eine Farbsinfonie aus dunkelgrünen Kiefern, gelbem Ginkgo und rotem Ahorn mit Orange-Tupfern der Kakifrüchte.

427 Jiryeyesulchon-gil, Imdong-myeon, Andong-si • Tel. 054-822-2590 • 17 km östl. von Andong

Korea. 2010 wurde es zusammen mit **Yangdong** (▶ S. 102) ins Weltkulturerbe aufgenommen. Den besten Blick hat man vom Kliff Buyongdae am anderen Ufer. In Hahoe wechseln sich stroh- und ziegelgedeckte Dächer ab, denn anders als üblich lebten hier die Adligen mit den anderen zusammen, da alle einer Sippe angehörten. Gemeinsam pflegten sie die Traditionen, sodass bis heute ein besonderer Maskentanz überliefert ist. Von den 130 Häusern sind manche zugänglich, auch als Werkstätten, Restaurants und Homestay. An Wochenenden und Feiertagen wird es sehr voll. Das **Maskenmuseum** am Eingang des Dorfes zeigt Masken der Region und aus allen Weltgegenden. Früher wurde der Maskenritualtanz, eine Gesellschaftssatire wie unsere mittelalterlichen Osterspiele, nur alle paar Jahre und nach dem Neujahrsfest aufgeführt.

844-1 Hahoe-ri, Pungcheon-myeon • www.hahoe.or.kr • tgl. 9–19 Uhr • Eintritt 2000 Won
Museum: tgl. 9–18, Maskentanz Sa/So 15 Uhr • Eintritt 3000 Won
19 km westl. von Andong

◎ **Jebiwon-Buddha**
(제비원 불상)   ▶ S. 147, E 7
Der monumentale Zukunfts-Buddha Mireuk ragt 12 m hoch gleich neben der Straße auf. Er wurde in den Granitfelsen geschlagen, nur der Kopf wurde aufgesetzt. In 10 Min. Fahrt vom Busbahnhof erreichbar.
Icheondong Seokbulsang, Icheondong • tgl. 0–24 Uhr • Eintritt frei
5 km nördl. von Andong

◎ **Pungsan Hanji-Manufaktur**
(풍산 한지공장)   ▶ S. 147, D 7
Papier gab es in Asien lange, bevor es in Europa bekannt wurde. Wie

die anderen, liegt aber sehr malerisch vor einer riesigen Felswand.
20 Byeongsan 2-gil Samsan-myeon • www.byeongsan.net • Eintritt frei
20 km westl. von Andong

◎ **Hahoe**
(하회)   ▶ S. 147, D 7
In einer S-Kurve des Flusses Nakdonggang – mit hervorragender geomantischer Lage – liegt das 600 Jahre alte Dorf, einer der schönsten Orte von

In Busan, der zweitgrößten Stadt des Landes, haben Japaner und Chinesen ihre Spuren hinterlassen. Bis 2015 wird hier am höchsten Wolkenkratzer Asiens gebaut.

schwierig und zeitaufwendig die Herstellung des handgeschöpften Papiers aus der Rinde des Papiermaulbeerbaums ist, zeigt dieses Museum. Gegen eine kleine Gebühr kann man es auch selbst versuchen. Netter Laden; telefonische Anfrage empfohlen. 36-1 Sosan-ri, Pungsan-eup, Andong-si • Tel. 054-858-7007 • Mo–Sa 10–18 Uhr • Eintritt frei
14 km westl. von Andong

Busan (부산) 7

▶ S. 151, E 14–15

3,5 Mio. Einwohner
Die zweitgrößte Stadt Koreas liegt auf einem schmalen Küstenstreifen, daher ist sie sehr ausgedehnt und besitzt mehrere Zentren. Im Viertel Nampo-dong liegen der interessante Fischmarkt und der Anleger für Fähren nach China und Japan. In der Nähe entsteht der Wolkenkratzer **Busan**

Lotte World, dessen geplante Höhe mehrfach nach oben angepasst wurde, damit er bei seiner Fertigstellung 2015 mit 510 m der höchste von Asien ist. In der Ferne sieht man den größten **Hafen** Koreas, einen der wichtigsten weltweit. Vor hundert Jahren war die Millionenstadt nur ein Fischernest, erst die Japaner bauten Fabriken und einen großen Hafen. Mehr über die Kolonialzeit und den Weg Busans in die Moderne erfährt man im **Busan Modern History Museum**. Schon Ende des 19. Jh. hatte China in Busan ein Konsulat eingerichtet. Neuerdings kommen viele chinesische Touristen, die in der kleinen unspektakulären **Chinatown** ihre gewohnte Küche finden und oft in der nahen Texas Street shoppen. Der Name erinnert an die Amerikaner der Nachkriegszeit, die dort Entspannung suchten, heute ist das Revier in russischer Hand. Im Koreakrieg war Busan vorübergehende Hauptstadt und Sammelpunkt von Hunderttausenden Flüchtlingen. Ein Zeugnis dieser schweren Zeit ist der **UN Friedhof**. Busan ist nicht nur eine Stadt von Kommerz und Kultur, mit sechs Stränden und 1 Mio. Besuchern ist es auch die koreanische Sommerkapitale. Zu den Stränden **Gwangalli** und **Haeundae**, zwischen denen der hypermoderne Komplex **Centum City** und das Messezentrum BEXCO liegen, hat sich das pulsierende Herz von Busan verlagert.

SEHENSWERTES
Beomeosa-Tempel (범어사)

Im Mai lohnt ein Besuch allein wegen des blauen Blütenmeers der 500 alten Glyzinien, einem Naturdenkmal. Doch auch sonst beeindruckt der 678 von Uisang am Berg Geumjeongsan in der Stadt gegründete Tempel durch seinen außergewöhnlichen Grundriss und die farbenprächtigen Hallen aus dem frühen 18. Jh. Am Anfang des Weges erhebt sich eine siebenstufige Pagode, umgeben von vier steinernen Himmelskönigen. Neben dem Mönchsfriedhof mit vielen Stelen steht das erste Tor, das Iljumun, dessen überaus komplexes Konsolendach von vier plumpen Steinsäulen getragen wird. Nach weiteren zwei Toren führt eine ungewöhnlich breite, dreiteilige Treppe zur Haupthalle mit ihren herrlichen Gemälden und Skulpturen. Die einzigartige Halle nebenan enthält die Acht Szenen aus dem Leben Buddhas, den Einsiedlergeist und eine Nahan-Gruppe. Alle Hallen sind mit schönen alten Figuren und Wandgemälden ausgestattet. Wer noch Natur genießen möchte, kann zu den elf **Einsiedeleien** am Berg wandern oder zur Festung **Geumjeong**.

250 Beomeosa-ro, Geumjeong-gu •
tgl. 8.30–17.30 Uhr •
Eintritt 3000 Won

BIFF Plaza

Zwischen dem Fischmarkt und dem Gukje-Markt liegt das Filmfestviertel: eine Straße voller Kinos, der »Avenue of Stars« mit Autogrammen und Handabdrücken sowie der BIFF Plaza. Das Festival legt seinen Schwerpunkt auf die Förderung des jungen asiatischen Films (▶ S. 26). Im Jahr 2011 ist das Filmfest nach Centum City umgezogen, das Manhattan von Busan im Viertel Haeundae, um. Dort steht das atemberaubende Hauptgebäude der österreichischen Stararchitekten Coop Himmelb(l)au.
Nampo-dong-5-ga, Jung-gu •
http://biff.kr

Jagalchi-Fischmarkt (자갈치시장)

Der größte Fischmarkt des Landes bietet draußen wie drinnen in der Sindonga-Halle und im Neubau mit dem Vogelschwingendach alle nur erdenklichen Meeresprodukte frisch und getrocknet. Die »Jagalchi Ajime« genannten Marktfrauen sind eine besonders zupackende Spezies – kein Wunder bei dem Beruf: Blitzschnell machen sie jedes auch noch so zappelnde glitschige Tier küchenfertig. Neben Fischen, Kraken und dergleichen gibt es eine Vielzahl von Meeresfrüchten. Essen kann man die Köstlichkeiten frisch zubereitet auf den oberen Etagen.
37-1 Nampodong 4(sa)-ga, Jung-gu •
tgl. 8–22 Uhr

Straße der 40 Stufen (40계단)

Das vor 100 Jahren vorwiegend von Japanern bewohnte Viertel und seine getreppte Straße wurde im und nach dem Koreakrieg der Treffpunkt vieler Flüchtlinge auf der Suche nach Verwandten. An den Stufen wird das Leben von damals mit 40 Skulpturengruppen nachgestellt und in der umfangreichen Ausstellung der **40 Steps Memorial Hall** im Obergeschoss des Donggwang-dong Office Building dokumentiert.

49, Donggwang-gil, Jung-gu • Di–Fr 10–19, Sa/So 10–17 Uhr • Eintritt frei

UN-Friedhof (부산 UN기념공원)

Im Koreakrieg fanden rund 40 000 Menschen aus 17 Nationen an der Seite der Südkoreaner den Tod. Im Jahr 1951 wurde der Friedhof in Busan eingerichtet, um ausländische Gefallene zu bestatten, insgesamt 11 000. Mittlerweile sind die meisten in ihre Heimat überführt worden. Heute gibt es 2 300 Grabstätten in Ländergruppen mit der jeweiligen Nationalflagge in dem gepflegten Park. Mehrmals im Jahr werden das Engagement der Vereinten Nationen und die Kriegsopfer mit Zeremonien geehrt.

93 UN pyeonghwa-ro, Nam-gu • tgl. 9–18 Uhr • Eintritt frei

Yongdusan-Park (용두산 공원) und Busan-Turm

Einen tagsüber wie in der Nacht lohnenden Rundblick über die ganze Stadt samt Hafen bietet der Turm mit seinen 120 m auf dem 70 m hohen Hügel. Im kleinen Park befinden sich Denkmäler für den Admiral Yi Sun-sin, den Helden im Japanischen Krieg des 16. Jh., und für den Studentenprotest 1960 gegen den Diktator Syngman Rhee.

35-14 Yongdusan-gil, Jung-gu • tgl. 9–22 Uhr • Eintritt Turm 8 000 Won

ÜBERNACHTEN
Commodore

Gutes Preis-Leistungs-Verhältnis • Geschmackvoll im Palast-Stil, mit Swimmingpool, ruhig und nicht weit vom Zentrum des Jung-gu-Viertels. 600-811/151 Junggu-ro, Jung-gu • Tel. 051-466-9101 • 314 Zimmer, davon 10 Ondol-Zimmer • €€

Exotisches Meeresgetier auf dem Jagalchi-Fischmarkt (▶ S. 90): die Touristen staunen, die Händlerinnen lachen.

ESSEN UND TRINKEN
Donglaebyeljang

Königliche Küche • Hier speist man traumhaft in feinem Ambiente, umrahmt von den jahrhundertealten Kiefern des alten Hanok-Gartens. 126-1 Oncheon-1-dong, Dongnae-gu Tel. 051-552-0157 • €€€–€€€€

Oase Seafood Buffet

Überwältigend, auch für Fischverächter • Fisch und Fleisch werden in allen Variationen serviert, koreanisch wie international. Für eine Pause vom Kimchi gibt es Pizza, Pasta und gesunde Salate. Über dem Jagalchi-Marktgebäude, Reservierung empfohlen. 52 Jagalchihaean-ro, Jung-gu • Tel. 051-248-7777 • tgl. 12–14 und 18–21 Uhr • €€€

Yangssi Sanghoe (양씨 상회)

Fisch und Sushi • Alteingesessenes Restaurant am Jagalchi-Markt; große Portionen und freundlicher Service. 41 Nampodong 4(sa)-ga, Jung-gu • Tel. 051-245-2280 • tgl. 14–1 Uhr • €€€

Der Tongdosa ist einer der drei bedeutendsten Tempel des Landes (▶ S. 93).

(▶ S. 93)

EINKAUFEN
Gukje-Markt (국제시장)

Aus dem improvisierten Markt der Kriegsflüchtlinge entstand der größte Markt von Busan, dessen Lädchen sich bis in die Viertel Gwangbok-dong und Nampo-dong erstrecken. Die Stände und Kneipen der Fressgasse ziehen viele Hungrige an. Zwischen dem Markt und dem Kinoviertel sind die Straßen mit den Karaoke-Clubs, Bars und Snackbuden vor allem nachts bevölkert. 36 Junggu-ro • tgl. 9–20 Uhr

Shinsegae Centum City Department Store

Die 2009 in Centum City eröffnete Filiale der koreanischen Kette Shinsegae ist laut Guinnessbuch das weltgrößte Kaufhaus. Auf 16 Stockwerken gibt es außer dem Warenhaus u.a. einen Golfübungsplatz, eine Eislaufbahn, ein Multiplex-Kino und ein riesiges Spa. 35 Centum nam-daero, Haeundae-gu • Kaufhaus tgl. 10.30–20 Uhr, andere Einrichtungen länger

AM ABEND

Die Partymeile bei der **Busan National University** sowie das Ausgehviertel um die **Bukyung National University** und die **Kyungsung University** ziehen ein junges Publikum an. Wer es romantisch mag, kann zum Sonnenuntergang eine **Schifffahrt** buchen, auch mit Abendessen.

Gwangalli-Strand (광안리)

Nach Sonnenuntergang erwacht Gwangalli erst zum Leben. Leckeres aus dem Meer frisch auf den Tisch servieren hier alle, egal ob Stehbude oder Nobelrestaurant. Sushi-Liebhaber erwartet das Schlaraffenland Millak Raw Fish Town. Von der Promenade hat man den besten Blick auf die illuminierte Gwangan-Brücke.

Haeundae-Strand (해운대)

Koreas Strand Nr. 1 mit seinen schicken Hotels bietet eine Vielfalt an Nightspots und Fischrestaurants. In

Richtung Dalmaji-Hügel hat sich die Art Street mit Galerien und trendigen Cafébars etabliert.

SERVICE
Touristinformation
Am Bahnhof: Tel. 051-441-6565 •
Di–Sa 9–21, So/Mo 9–17 Uhr
Am Fährhafen: Tel. 051-465-3471 •
Di–Sa 9–21, So/Mo 9–17 Uhr
und weitere Filialen
http://etour.busan.go.kr

Ziele in der Umgebung
◎ Eulsukdo (을숙도)

▶ S. 151, E 15

Im Mündungsdelta des Nakdonggang-Flusses, nordwestl. von Jung-gu, liegen die Insel Eulsukdo und weiter zum Meer hin viele Sandbänke und Inselchen – ein idealer Ort für Wasservögel. Schon seit 1966 existiert das mit knapp 3 qkm größte Schutzgebiet für Zugvögel in Asien, wo Okt.–März 150 Vogelarten überwintern. Auch im Sommer lohnt ein Ausflug zum **Nakdong Estuary Eco Center** mit seiner Vogelausstellung, zum Botanischen Garten oder zum Wandern. Die Insel ist per U-Bahn und Bus oder Boot vom Myeongji-dong-Hafen erreichbar.

1212 Hadan-dong, Saha-gu, Busan •
http://wetland.busan.go.kr • Park:
8–20 Uhr, Eintritt frei • Öko-Zentrum:
Di–So 9–18 Uhr, Eintritt 2 000 Won
14 km südwestl. von Busan-Zentrum

◎ Taejongdae-Küstenpark
(태종대) ▶ S. 151, E 15

An der südlichen Steilküste der Insel **Yeongdo** liegt der herrliche Park mit einem **Leuchtturm** aus dem 19. Jh. und einer Aussichtsplattform. Bei gutem Wetter taucht am Horizont die 56 km entfernte japanische Insel Tsushima auf. Es gibt schöne Fußwege,

man kann aber auch mit einer Bahn zum Leuchtturm fahren.

257 Jeonmang-ro, Yeongdo-gu •
tgl. 4–24 Uhr • Eintritt frei
10 km südl. von Busan-Zentrum

◎ Tongdosa-Tempel (통도사)

▶ S. 151, E 14

Die drei spirituell bedeutendsten Tempel Koreas repräsentieren die »Drei Schätze« des Buddhismus: Buddha, Lehre und Gemeinde. Der Tongdosa ist einer von ihnen, denn Jajang gründete den Tempel 646 für die Buddha-Reliquien, die er aus China mitgebracht hatte. Heute ist der Tempel mit seinen 35 Gebäuden und 13 Einsiedeleien auch der größte in Korea. Man kommt an dem großen Mönchsfriedhof mit seinen vielgestaltigen Grabmälern vorbei und betritt nach zwei Toren den ersten Hof. Um eine fünfstufige Pagode gruppieren sich drei Hallen mit den wichtigen Buddhas: dem historischen Shakyamuni, dem Medizinbuddha und Buddha Amitabha im Paradies. Im nächsten Hof sind mehrere kleine Hallen verstreut, in deren Mitte das kugelige Reliquiar mit der Almosenschale Buddhas steht. Hinten liegt die Haupthalle ohne Kultbild, aber mit Blick auf die Terrasse und den Reliquienstupa für den Knochen Buddhas. Hier vollziehen Pilger andächtig ihre Umrundungen. Das zwischen den beiden Eingangstoren gelegene **Museum für buddhistische Gemälde** zeigt seltene Thangkas, Bilder und Gegenstände aus der Tempelhistorie.

108 Tongdosa-ro, Habuk-myeon, Yangsan-si • Tempel: tgl. 8.30–17 Uhr, Eintritt 3 000 Won • Museum: Mi–Mo 9–11.30 und 13–17 Uhr, Eintritt 2 000 Won
35 km nördl. von Busan

Daegu (대구) ▶ S. 151, D 13
2,5 Mio. Einwohner

Global bekannt wurde die viertgrößte Stadt Koreas 2011 als Austragungsort der Leichtathletik-WM. Daegu ist ein Zentrum des Maschinenbaus und der Textilindustrie, das mit dem Viertel Esiapolis zum Mode-Mekka von ganz Asien werden soll. Schon in der Joseon-Zeit war die Stadt das Wirtschaftszentrum des Südens, lag sie doch an einer Verbindungsstraße zwischen Seoul und der Südküste. Damals befand sich hier der landesweit größte Medizinmarkt, auf dem sogar Chinesen und Japaner einkauften. Ende des 19. Jh. hielt die Moderne Einzug, erst kamen christliche Missionare, dann die japanischen Kolonialherren. Innerhalb der geschleiften Festung gibt es noch viele Gassen mit Häusern aus der Frühmoderne. Das patriotische und konservative Wesen Daegus zeigte sich in der Kolonialära an der Unabhängigkeitsbewegung und in den 1960ern an der Unterstützung für Präsident Park Chung-hee, einen Sohn der Region und Wegbereiter der koreanischen Industrialisierung.

Für Reisende ist auch die Umgebung der Provinzhauptstadt attraktiv: In den Bergen des **Palgongsan** und des **Gayasan**-Nationalparks liegen viele sehenswerte Tempel, allen voran der **Haeinsa**.

SEHENSWERTES
Altstadtgassen

Das Gebiet innerhalb des Festungsrings wartet mit vielen Häusern aus der ersten Hälfte des 20. Jh. in den unterschiedlichsten Baustilen auf. Da gibt es Villen von reichen Leuten, kleine Läden mit traditionellen Waren und alte Geschäftshäuser wie die Keimzelle des Konzerns Samsung, dessen Gründer später Koreas reichster Mann wurde. Auch die mittlerweile zu Museen umfunktionierten ersten westlichen Krankenhäuser und eine Gruppe von Missionshäusern, die einzigen in Korea erhaltenen, sind zu besichtigen. Insgesamt 15 Routen, von den Stadthistorikern zusammengestellt, sind im Internet zu finden unter http://tour.daegu.go.kr/eng und http://en.djdrcf.or.kr.

Gyesandong-Kathedrale (계산동 성당)

Der 1902 errichtete Backsteingotikbau ist das älteste moderne Gebäude von Daegu. Der hölzerne Vorgängerbau von 1899 war die dritte Kathedrale nach Seoul und Pyeongyang – solch großen Erfolg hatten die Missionare in dieser Stadt. Beim Bau mussten die Buntglasfenster noch importiert werden, doch in den 1930ern dekorierte ein einheimischer Maler die Wände. Er war der erste Künstler in Daegu, der den westlichen Stil beherrschte.
10 Seoseong-ro, Jung-gu • tgl. 0–24 Uhr • Eintritt frei

Jeil-Kirche (제일교회) und Missionshäuser

1898 wurde die erste protestantische Kirche von Daegu gebaut, der heutige Bau datiert von 1933. Die presbyterianischen Missionare vermittelten außer der Religion viele westliche Ideen und Techniken. Sie gründeten Krankenhäuser, von denen zwei noch stehen. Ein amerikanischer Arzt kreuzte Äpfel seiner Heimat mit koreanischen Holzäpfeln und etablierte damit den Apfelanbau in der Region, aus der heute 80 % der Landesernte stammen. Den Ur-Apfelbaum kann man noch im Garten eines Missionshauses bestaunen.

50 Namseong-ro, Jung-gu • tgl. 9–18 Uhr • Eintritt frei

Yangnyeongsi-Arzneimarkt (대구 약령시)

Seit 350 Jahren gibt es den Heilmittelmarkt, der zu Beginn nur im Frühjahr und Herbst stattfand. Seit 1908 befindet er sich an dem heutigen Platz, wo Großhändler ihre Produkte säckeweise in einer Halle feilbieten. An einer 700 m langen Straße liegen nicht nur unzählige Kräuterhandlungen: Apotheken stellen duftende Extrakte und Pillen her, traditionelle Ärzte und Akupunkteure behandeln Kranke. Gleich gegenüber liegt eine sehenswerte Gasse, die Janggwan-dong mit alten Hanok-Häusern und neuen Wandmalereien über den Alltag vor hundert Jahren.

51-1 Namseong-ro, Jung-gu • Mo–Sa 10–17 Uhr

MUSEEN
Bangjja Yugi Bronzewaren-Museum (방짜 유기박물관)

Das einzigartige, von einem Handwerker und lebenden Kulturschatz gegründete Museum zeigt die ganze Vielfalt der koreanischen Bronzewaren und ihre Herstellung von Hand. In Korea ist Bronze eng mit der Kultur verknüpft. Das förmliche Mahl wird in bronzenen Gefäßen serviert und buddhistische Riten verwenden Geräte aus diesem Material.

29 Daegeum-ro 1161, Dong-gu • Di–So 10–19 Uhr • Eintritt frei

Daegu Modern History Museum (대구 근대역사관)

In einer japanischen Bank aus den 1930ern, einem massigen Quader mit beeindruckendem Interieur, eröffnete 2011 eine Ausstellung über Daegus Weg in die Moderne. Gezeigt werden Alltagsgegenstände und viele Fotos.

67 Gyeongsanggamyeong-gil, Jung-gu • artcenter.daegu.go.kr/dmhm • Di–So 10–19 Uhr • Eintritt frei

Nationalmuseum Daegu (국립대구박물관)

Die Ausstellung ist in drei Abteilungen gegliedert. Der archäologische Teil präsentiert Funde aus dem Gräberfeld von Bullo-dong mit 200 Bestattungen der Gaya- und Silla-Zeit. Die Buddhismus-Sektion stellt Kunst der umliegenden Tempel aus. Am interessantesten ist die volkskundliche Abteilung: Sie zeigt an Modellen Leben und Ausbildung der konfuzianischen Gelehrten und damit verbundene Riten, verschiedene Haustypen vom Herrensitz bis zur Bauernhütte und Volksbräuche der Region.

321 Cheongho-ro, Suseong-gu • http://daegu.museum.go.kr • Di–Dr 9–18, Sa 9–21, So 9–19 Uhr • Eintritt frei

Yangnyeongsi Oriental Medicine Culture Center (약령시 한의약문화관)

Das Museum veranschaulicht die Geschichte des Marktes sowie die Tätigkeiten der Händler und Heilkundigen in alter Zeit. Es gibt eine Einführung in die Theorie der traditionellen Medizin und eine Arznei-Ausstellung, die neben Kräutern auch Tierisches enthält. Das Experience Center bietet die Gelegenheit, Tees und Fußbäder aus Heilkräutern zu probieren, die im Laden verkauft werden.

52-1 Namseongno, Jung-gu • http://herb.daegu.go.kr/eng • Di–Fr 10–18, Sa/So 10–17 Uhr • Eintritt frei

Die über 80 000 Druckstöcke des koreanischen buddhistischen Kanons werden seit Jahrhunderten unversehrt im Haeinsa-Tempel aufbewahrt (► S. 97).

ÜBERNACHTEN

Novotel Ambassador Daegu

Topmodern und zentral • Das Hotel liegt direkt im Shopping- und Ausgehviertel. Schöne Zimmer.
611 Gukchaebosang-ro, Jung-gu • Tel. 053-664-1101 • www.accor hotels.com • 203 Zimmer • €€€

Eldis Regent

Blick über die City • Das behagliche, kürzlich renovierte Hotel liegt in der Nähe des Medizinmarktes und der U-Bahn.
2033 Dalgubeol-daero, Jung-gu • Tel. 053-253-7711 • www.eldisregent hotel.com • 52 Zimmer, davon 3 Ondol-Zimmer • €€

ESSEN UND TRINKEN

Yongjibong (용지봉)

Hochgenuss • Bestes Hanu-Rind, so delikat wie Kobe Beef – kein Wunder, denn die koreanische Rasse ist der Vorfahr des japanischen Wagyu-Rinds.
9 Deulan-ro, Suseong-gu • Tel. 053-783-8558 • tgl. 11.30–22 Uhr • €€–€€€

Gaejeong (개정)

Traditionshaus seit 1978 • Spezialitäten hier sind »Naengmyeon« (Buchweizennudeln) und »Yukhoe bibimbap« (Reistopf mit Rindstartar).
65-1 Dongseongno 2-ga, Jung-gu • Tel. 053-422-0366 • tgl. 9-22 Uhr • €–€€

SERVICE

Touristinformation

Bahnhof: Tel. 053-660-1432 • tgl. 9–19 Uhr
Dongdaegu Station Plaza: Tel. 053-939-0080 • tgl. 9–19 Uhr
www.daegutour.or.kr, http://tour. daegu.go.kr

Ziele in der Umgebung
◎ Donghwasa-Tempel (동화사)
▶ S. 151, E 13

In den Bergen Palgongsan liegt einer der ältesten koreanischen Tempel, der 492 gegründete Donghwasa, benannt nach den lila blühenden Paulownienbäumen der Umgebung. Die Gebäude der auch in der Joseon-Zeit noch mächtigen Kultstätte stammen aus dem 17. Jh. Besonders schön sind die Malereien an der Haupthalle, wie die Zen-buddhistische Rinderparabel über die Zähmung des widerspenstigen Geistes. Um den Tempel liegen viele alte Klausen, von denen Geumdangam beim ehemaligen Haupttor besonders sehenswert ist, vor allem das 6 m hohe Buddharelief. 1992 ließ Präsident Roh Tae-woo einen 33 m hohen Medizin-Buddha aus weißem Marmor errichten, der mithilfe zweier von Myanmar geschenkter Buddhareliquien Kraft für die Wiedervereinigung spenden soll.

1 Donghwasa 1-gil, Dong-gu, Daegu • www.donghwasa.net • tgl. 8–17 Uhr • Eintritt 2 500 Won
22 km nordöstl. von Daegu

◎ Gatbawi-Buddha
(갓바위 약사여래)   ▶ S. 151, E 13

Der 850 m hohe Berg Gwanbongsan besitzt einen großen Anziehungspunkt, den »Steinhut-Buddha«. Obwohl der steile Aufstieg von der Busstation eine Stunde dauert, pilgern viele Koreaner hierher, denn der Medizin-Buddha, 4 m hoch und im 7. Jh. erschaffen, soll Wünsche erfüllen. Ziemlich voll ist es vor der Hochschulaufnahmeprüfung, an Neujahr, aber auch am Wochenende oder zum Sonnenaufgang.

699 Gatbawi-ro, Wachon-myeon, Gyeongsan-si • tgl. 0-24 Uhr
18 km nordöstl. von Daegu

◎ Gunwi-Buddhagrotte
(군위불)   ▶ S. 147, D 8

Beim Berg Hantijae im Palgongsan wurde vor hundert Jahren ein Juwel wiederentdeckt, eine sehr gut erhaltene Buddha-Trias in einer künstlichen Höhle (»Gunwi samjon seokgul«). Oft wird sie als zweite Seokguram-Grotte (▶ S. 100) bezeichnet, obwohl sie älter ist. In der etwa 4 x 4 m großen Öffnung sitzt ein Amitabha-Buddha zwischen zwei stehenden Bodhisattvas. Die rechte Figur ist als die weibliche Avalokitesvara erkennbar.

24 Namsan 4-gil, Bugye-myeon, Gunwi-gun • www.gunwi.go.kr • tgl. 0–24 Uhr • Eintritt frei
26 km nördl. von Daegu

◎ Haeinsa-Tempel
(해인사)
▶ S. 150, C 13

In der Abgeschiedenheit der über 1 400 m hohen Gayasan-Berge liegt einer der »Drei-Schätze-Tempel« Koreas. Mit den Druckstöcken des koreanischen buddhistischen Kanons, des **Tripitaka**, verkörpert er die Lehre. Über einen Baumlehrpfad und eine lange Treppe mit einer Kiefer, die aus der Gründungszeit vor 1 200 Jahren stammen soll, betritt man den ersten Hof durch das **Erlösungstor Haetalmun**. Als bedeutender Tempel weist der Haeinsa nur wenige Kulthallen auf, aber ausgedehnte Quartiere für Mönche, Novizen und Pilger. Hinter dem zweiten Hof mit der **Haupthalle Daegwangjeon** und dem **Buddha Vairocana** erhebt sich die Terrasse mit den Tripitaka-Hallen. Die Druckplatten des Kanons gehören zum UNESCO Weltdokumentenerbe, die Hallen aufgrund ihrer meisterhaft konstruierten Natur-Klimaanlage zum Weltkulturerbe. Nur wegen der besonderen Lagerung (oder auch wegen der heiligen Zahl der darunterliegenden 108 Säulen und 108 Stufen?) ist das Tripitaka seit 1398 unbeschadet geblieben. Das Holz wurde u.a. durch Ablagern in Süß- und Salzwasser sorgfältig vorbereitet. Es sind 81 258 doppelseitige Druckplatten mit über 52 Mio. chinesischer Schriftzeichen, und zwar fehlerfrei. Den Auftrag erteilte der vor den Mongolen nach Ganghwado geflohene König im Jahr 1236, um Buddhas Schutz für Korea zu erbitten. Mit der Joseon-Zeit fiel der Buddhismus bei Hof in Ungnade, und die Druckplatten wurden hierher in Sicherheit gebracht.

122 Haeinsa-gil, Gaya-myeon, Hapcheon-gun • www.haeinsa.or.kr • tgl. 8–18, Winter 8–17 Uhr • Eintritt 3 000 Won; 43 km westl. von Daegu

◎ Palgongsan-Berge (팔공산)
▶ S. 151, D 13

Der bis 1 200 m hohe kleine Gebirgszug hat seinen Namen von den acht Beamten, die den späteren Gründer der Goryeo-Dynastie retteten. Den Koreanern gilt die Gegend als spirituell aufgeladen, gerne wandern sie auf alten Pilgerwegen von Kloster zu Klostter. Die Seilbahn am Haupteingang fährt zu einem Aussichtspunkt mit Blick auf Daegu.

20 km nördl. von Daegu

Gyeongju (경주)
▶ S. 151, F 13

280 000 Einwohner

Eine mittelgroße Stadt und Weltkulturerbe mit 250 historischen Stätten? Ja! Gyeongju war unter dem Namen Seorabeol oder Geumseong,

Im Bulguksa-Tempel gibt es seltene Steinbauten aus dem 8. Jahrhundert wie diese Pagoden – Meisterwerke buddhistischer Baukunst (▶ S. 99).

die »Goldene Festung«, fast ein Jahrtausend Hauptstadt: erst von Silla seit 57 n. Chr. und dann, nach der Eroberung Baekjes und Goguryeos Mitte des 7.Jh., vom Vereinten Silla-Reich. Danach fiel die Metropole, die 1 Mio. Einwohner gezählt haben soll, in einen Dornröschenschlaf. In den 1970ern unter Präsident Park Chunghee wurden unzählige Schätze ausgegraben, und nun boomt der Tourismus. Die Top-Sehenswürdigkeiten Tumuli-Park, Sternwarte und Nationalmuseum liegen dicht beieinander. Das sehenswerte **Grab des Generals Kim Yu-sin** am Stadtrand besitzt die schönsten Tierkreiszeichen-Figuren. Zur Lotosblüte im Sommer lohnt sich ein Besuch des **Anapji**, eines Teichs im königlichen Lustgarten. 16 km außerhalb der Stadt befindet sich der Tempel Bulguksa und eine gute halbe Stunde zu Fuß weiter die Seokguram-Grotte. Noch etwas weiter entfernt ist eins der schönsten Gräber, das **Gwaeneung** mit einer Parade von Beamtenfiguren. Der von heiligen Stätten übersäte Namsan-Berg lädt zu Wanderungen ein. Einfach spazieren gehen, Rad oder Tretboot fahren kann man im Park des Bomun-Sees. Der Erlebnispark Shilla Millenium Park mit einem Hanok-Luxushotel spricht eher das asiatische Publikum an. Und wann ist das schöne Gyeongju am schönsten? Zur **Kirschblüte** im April – am Marathonlauf muss man nicht unbedingt teilnehmen.

SEHENSWERTES
Bulguksa-Tempel (불국사)

▶ S. 151, F 13

In der Mitte des 8. Jh. ließ der mächtige Kanzler Kim Daeseong am Berg Tohamsan den Bulguksa und die Seokguram-Grotte bauen. Einige steinerne Teile des ursprünglichen Tempels sind in der heutigen Anlage zu sehen. Dazu gehören die beiden Steintreppen, die zur Terrasse des ersten Hofs führen. Dort stehen zwei Pagoden, die einfache Seokgatap, im typischen Silla-Stil quadratisch mit getreppten Dachkränzen, und die äußerst komplexe Schatzpagode Dabotap, ein Meisterwerk buddhistischer Baukunst. Die Haupthalle mit den Buddhas der Drei Weltzeitalter und die Versammlungshalle sind mit dem Wandelgang des Hofs verbunden. Dahinter sind über ein Treppchen zwei weitere Hallen zu erreichen. In der Avalokitesvara-Halle wird der Bodhisattva mit tausend Armen dargestellt, in der Vairocana-Halle steht ein vergoldeter Bronzebuddha aus dem 8. Jh. An einem fein verzierten Steinreliquiar vorbei gelangt man zu einem kleinen Hof, in dem Besucher nach Landessitte Steine zu vergänglichen Miniatur-Pagoden aufschichten.

385 Bulguk-ro, Gyeongju-si • tgl. 7–18 Uhr • Eintritt 4 000 Won

Cheomseongdae-Sternwarte (첨성대)

Der sonderbare flaschenförmige Bau des 7. Jh. ist das älteste erhaltene Observatorium Asiens. Mit ihm wurden die Sonnenwenden, die Tag- und Nachtgleichen sowie die Halbmonate bestimmt. Nicht nur die Funktion, auch die Struktur des Bauwerks ist auf den Kalender bezogen: Beispielsweise bedeuten die insgesamt 362 Steine die Tage des Mondjahres. Alles über den Bau erläutert eine Multimediapräsentation auf dem Gelände. Im selben Park sind Mauerreste der Festung Banwolseong zu sehen.

839-1 Inwang-dong • tgl. 9–22 Uhr • Eintritt frei

Namsan (남산)

Schon in der schamanistischen Silla-Zeit war der knapp 500 m hohe Berg heilig. Mit dem Aufkommen des Buddhismus wurde der Namsan von neuen Kultstätten überzogen. Heute sind dort noch 100 Tempel, 80 Buddhas und 60 Steinpagoden vorhanden, die man auf Wanderpfaden durch die malerische Landschaft der 40 Täler erkunden kann.

Seokguram-Grotte (석굴암)

▶ S. 151, F 13

Erst vor etwa 100 Jahren wurde die künstliche Grotte wiederentdeckt, die auf Kanzler Kim Daeseong im 8. Jh. zurückgeht. In einer Rotunde mit Reliefs von Buddhas, Bodhisattvas und Arhats sitzt der 3,5 m hohe Buddha auf dem Lotosthron und blickt versunken nach Osten. Dort geht die Sonne auf, aber dort liegt auch das Meer: in Küstennähe das Felsengrab von König Munmu, in weiter Ferne Japan. So wie dieser Herrscher sollte auch der Buddha Korea vor Angriffen schützen. Das Konzept des Heiligtums ist von der großen Idee bis ins kleinste Detail vollkommen und von erhabener Schönheit.
873-243 Bulguk-ro • tgl. 7–17 Uhr • Eintritt 4 000 Won

Tumuli-Park (대릉원)

Bisher sind in Gyeongju über 200 Grabhügel entdeckt worden. Aus einer großen Gruppe von 23 Tumuli der Silla-Zeit wurde nach der Erforschung ein Park. Nur eins der Gräber ist namentlich identifiziert, das von König Michu (262–284). Das größte Grab ist ein Doppelhügel für ein Paar, aus dem fast 60 000 Objekte geborgen wurden. Am berühmtesten ist **Cheonmachong**, das Grab des himmlischen Pferdes, benannt nach dem dort gefundenen Gemälde auf einer Schabracke aus Birkenrinde. Im Tumulus sind die Grabkammer und das Skelett mit einigen Beigaben nachgebildet.
9 Gyerim-ro, Dong-gu • tgl. 8.30–21 Uhr • Eintritt 1 500 Won

MUSEEN
Nationalmuseum Gyeongju (국립경주박물관)

Blickfang unter den Exponaten im Freien ist die Emille-Glocke. Die Glanzstücke der Haupthalle sind die goldenen Beigaben der Silla-Gräber aus schamanistischer Zeit: Kronen, Gürtel und Schmuck mit Filigranteilen und kommaförmigen Jadestücken. Eine Nebenhalle lässt mit Funden aus dem Anapji die vergangene Pracht am Hof der Vereinten-Silla-Zeit erahnen. Die dritte Halle zeigt buddhistische Kunst, u. a. ein Modell der Stadt mit dem verschwundenen grandiosen Staatstempel Hwangnyongsa, dessen Pagode 68 m hoch gewesen sein soll. Der kleine Buchladen am Eingang führt ein gutes Sortiment an englischen Büchern über Korea.
186 Iljeong-ro • http://gyeongju.museum.go.kr • Di–Fr, So 9–18, Sa 9–19 Uhr • Eintritt frei

ESSEN UND TRINKEN
Ssukbu Jaengi (쑥부쟁이)

Fantasievoll • Hier wird raffiniert vegetarisch gekocht. Gepflegtes, traditionelles Ambiente.
147-5 Bobul-ro, zwischen Bulguksa und Bomun-See • Tel. 054-748 3903
€€–€€€

Dosol Maeul (도솔마을)

Bankett im Hanok-Garten • Köstlich speisen, auf Sitzkissen oder Stühlen,

Die Seokguram-Grotte wurde im 8. Jahrhundert angelegt (▶ S. 100). Der auf das Ostmeer blickende Buddha sollte Korea vor Feinden schützen.

im Garten oder im Haus, dekoriert mit Antiquitäten. Empfehlung: »Modeumjeon«, eine Platte mit Frittiertem.
8-13 Sonhyoja-gil, beim Sung-hyejeon Konfuzius-Schrein • Tel. 054-748-92 32 • €€

Usujeong Ssambap Hanjeongsik (우수정 쌈밥 한정식)

Reisröllchen mit Reiswein • Nicht edel, aber lecker und vor allem: auch Tische im Freien.
24-7 Bobul-ro, Gyeongju-si • Tel. 054-771-0786 • tgl. 10–22 Uhr • €€

TEEHÄUSER
Ah Sa Ga Teahouse (아사가 찻집)

Tee-Oase in der City • Stimmungsvoller Genuss in einem Hanok mit Schnitzereien, Kalligrafien und romantischem Garten. Eins der schönsten Teehäuser auf der Culture Street im Stadtzentrum.
Bonghwang-ro, Gyeongju-si

Baek Nyeon Cha Jip (백년 찻집)

Tee de luxe • Holzhaus mit Papierlaternen und schön gestalteten Sitzgruppen in einem klassischen Garten. Große Auswahl an koreanischen Tees. Verkauf von Tee und Zubehör für die Zubereitung. Auf dem Berg Tohamsan, 15 Min. vom Bomun Resort.
72 Churyeongjae-gil, Yangbuk-myeon • Tel. 054-773-3450

EINKAUFEN
Kunstgewerbedorf (경주 민속공예촌)

Das **Gyeongju Folk Craft Village** besteht aus etwa 40 Werkstätten, überwiegend Töpfereien, die Schönes für jeden Bedarf herstellen: vom zierlichen

Anhänger bis zur Bodenvase von einem anerkannten Seladon-Meister, dem man bei der Arbeit zusehen kann. Das **Shilla History and Science Museum** ist nur auf Koreanisch beschildert und daher wenig aufschlussreich.
201-18 Ha-dong • tgl. 9.30–17 Uhr

SERVICE
Touristinformation
Bahnhof: Tel. 054-772-3843 • tgl. 8.30–18 Uhr; Busbahnhof: Tel. 054-772-9289 • tgl. 9–18 Uhr und weitere Filialen
http://guide.gyeongju.go.kr/deploy/eng

Ziele in der Umgebung
◎ Golgulsa-Tempel (골굴사)
▶ S. 151, F 13

Um den Tempel liegen etliche durch Treppen verbundene Grotten, die buddhistische Reliefs aus dem 9. Jh. enthalten. Die Haupthalle wirkt von vorn wie ein normaler Bau, ist aber nur eine der Felshöhlung vorgesetzte Fassade. Bekannt ist der Golgulsa wegen der seltenen Zen-Kampfkunst »Seonmudo«, die mit dem chinesischen Shaolin Gongfu verwandt ist und von den Hwarang-Kadetten im alten Silla praktiziert wurde. HIer kann man »Seonmudo« sehen und lernen, sogar auf Englisch.
101-5 Girim-ro, Yangbuk-myeon • www.golgulsa.com • tgl. 8–18, Vorführung Di–So 11 und 15.30 Uhr • Eintritt frei
21 km südwestl. von Gyeongju

Yangdong
(양동마을)
▶ S. 151, F 13

An sanften Hügeln inmitten von Feldern liegt das Volkskundedorf Yangdong mit seinen 160 Häusern, allesamt traditionell gebaut. 2010 wurde Yangdong zusammen mit **Hahoe** (▶ S. 88) ins Weltkulturerbe aufgenommen. Die Siedlung mit ihren schmucken, bis zu 200 Jahre alten Häusern hat ein gutes Feng-Shui. Vielleicht deshalb haben die zwei Sippen des Dorfes seit dem 15. Jh. so viele Gelehrte und hohe Beamte hervogebracht. Ihre Nachfahren leben noch heute in den ziegelgedeckten Anwesen und führen die traditionellen Riten fort. Unten stehen die strohgedeckten Häuser der Nichtadligen. Bei einem Spaziergang, vorbei an Gärtchen und Bergen von Vorratskrügen sieht man u. a. die Dorfschule, die konfuzianische Akademie, den Schrein des Dorfgründers, die alle mit englischen Erklärungen versehen sind. Das kleine Restaurant Uhyangdaok empfiehlt »Kalguksu«-Nudeln oder Hühnchen, dazu passt der lokale Reiswein Cheongju. Es gibt auch einige einfache Übernachtungsmöglichkeiten. Noch wird die Idylle durch keinen Souvenir- und Snack-Rummel gestört – noch nicht.
Village Information Center • 134 Yangdongmaeul-gil, Gangdong-myeon • Tel. 054-779-6105 • tgl. 9–18 Uhr • Eintritt 4 000 Won

Juwangsan-Nationalpark
(주왕산국립공원) ▶ S. 147, E/F 8

Seit 2003 ist der kleinste und abgelegenste Nationalpark Koreas einem größeren Publikum bekannt. Damals lief der Kinofilm »Frühling, Sommer, Herbst, Winter ... und Frühling« des Starregisseurs Kim Ki-duk, der in der grandiosen Landschaft des Bergparks spielt. Viele halten den Juwangsan für einen der schönsten Berge Koreas und den **Jusanji**-Teich für eins der schönsten Fotomotive. Überlaufen ist die Gegend aber nicht, denn die Metropolen sind weit weg. Von der Kreisstadt **Cheongsong** (27 000 Einwohner) fährt man 40 Min. zum Parkeingang. Das bis zu 700 m hohe Gelände bietet viele Wanderwege, die überwiegend leicht zu gehen sind. Die beliebteste Strecke führt vom Tempel **Daejeonsa** durch das Jubang-Tal, wo sich Felsen, Wasserfälle und Einsiedeleien abwechseln. Immer wieder breitet sich das Hufeisen des Taebak-Gebirges vor dem Wanderer aus. Am schönsten ist es im Herbst, wenn die Rottöne des Laubs mit den grünen Kiefern, den grauen Felsen und dem Blau des Himmels wetteifern. Im Frühsommer ist die Azaleenblüte so überwältigend, dass Cheongsong dazu ein Fest feiert. Für Übernachtungsgäste hat die Gegend einige Annehmlichkeiten zu bieten, u. a. Heilquellen und schmackhaftes Essen: Die Kiefernpilze sind fast so edel wie Trüffel,

und mit den berühmten Äpfeln wird auch der Reiswein verfeinert. Weil das Städtchen so ursprünglich ist und seine Traditionen pflegt, wurde Cheongsong 2011 in den Kreis der Cittaslow aufgenommen (weitere ▶ S. 19).

ÜBERNACHTEN
Juwangsan Spa Tourist Hotel
▶ S. 147, E 8

Für Wanderer • Nach einer Tagestour zu Fuß kann man im hauseigenen Thermalbad relaxen. Nur 2 km vom Parkeingang entfernt.
69-2 Wolmak-ri, Cheongsong-eup, Cheongsong-gun • Tel. 054-874-7000 • 49 Zimmer, davon 27 Ondol-Zimmer • €€

Songso Gotaek (송소고택)
▶ S. 147, E 8

Preisgekrönter Adelssitz • Das 1880 erbaute Anwesen bietet auch kultu-

Der Juwangsan (▶ S. 102) ist Koreas kleinster Nationalpark, macht dem Seoraksan in Sachen Schönheit aber große Konkurrenz. Trotzdem ist er nicht überlaufen.

relle Aktivitäten und wurde dafür im Jahr 2011 von der Korea Tourism Organization ausgezeichnet.

15-2 Songsogotaek-gil Pacheon-myeon, Cheongsong-gun • Tel.054-873-0234 • 11 Zimmer • €

SERVICE
Touristinformation

Nationalpark: http://juwang.knps. or.kr, Cheongsong: www.cs.go.kr

Ulsan (울산) ▶ S. 151, F 14

1,1 Mio. Einwohner

Eigentlich kommt Ulsan auf keiner touristischen Karte vor, denn die wohlhabende Stadt mit einem BIP dreimal so hoch wie der koreanische Durchschnitt ist eine Industriestadt. 1962 schob Präsident Park Chung-hee mit dem ersten Fünfjahresplan die Wirtschaft nach dem Krieg an und machte die Region Ulsan-Pohang zur Basis der Schwerindustrie. Hier wurde der Weltkonzern Hyundai geboren, hier ist heute alles von Weltrang: die Autofabrik, die Ölraffinerie, die Werft. Zwar hatten schon die Japaner Fabriken gebaut, doch die wurden im Krieg zerstört, und Ulsan war wieder nur ein Fischereihafen – allerdings ein besonderer. Im 19. Jh. gingen die Ulsaner und viele Nationen vor der Küste auf Großwaljagd. Erst diente Ulsan den Russen als Walfang-Stützpunkt, dann den Japanern. Seit dem internationalen Walfang-Moratorium aus dem Jahr 1986 ist die ganze Anlage abgebaut worden, und nun will Ulsan eine ökologisch bewusste Stadt werden. An die Vergangenheit erinnern nur noch das Walfang-Museum und das Wal-Festival, das zwischen April und Oktober stattfindet. In diesem Rahmen werden auch Ausfahrten zur Walbeobachtung angeboten (www.ulsanwhale.com). Vielleicht zeigen sich sogar ein paar der gut Hundert Grauwale, die durch den Meeresgraben an der Küste vor Ulsan wandern. Mit etwas Glück sieht man ihre riesigen rhythmisch bewegten Leiber auch vom Flugzeug aus an der Küste vor Busan.

MUSEEN
Walmuseum (자생포 고래박물관)

Thema des Museums sind die Geschichte des Walfangs und die Walkunde. Dass in der Gegend schon vor Jahrtausenden Wale gefangen wurden, zeigt die Replik einer Felszeichnung, auf der Menschen in Booten mit Netzen und Harpunen Walen verschiedener Arten nachstellen. Im 19. Jh. kamen auch Amerikaner und Europäer zu den Walfanggründen vor Korea, im 20. Jh. beanspruchte sie Japan für sich allein. Nach dem Krieg wurde der Bedarf an billigem Fleisch, besonders in Busan und Ulsan durch die vielen Flüchtlinge, mit Walfleisch gedeckt. 80 % des Fangs wurden in Ulsan verarbeitet, und das Aus für die Waljagd traf die Stadt hart. Heutzutage ist Walfleisch im Südosten wieder beliebt, sodass in Ulsan zig Restaurants ausschließlich diese teure Delikatesse servieren. Die zweite Abteilung des Museums stellt die Walarten der koreanischen Gewässer vor, insbesondere den faszinierenden Grauwal, der bis vor kurzem hier als ausgestorben galt.

244 Jangsaengpogorae-ro, Nam-gu • www.whalemuseum.go.kr • Di–So 9.30–18 Uhr • Eintritt 2000 Won

SERVICE
Touristinformation

Im Bahnhof: Tel. 052-229-6350 • www.ulsancitytour.co.kr • Mo–Sa 10–18 Uhr

미스플라워의 여름
A Love Story, in the Language of Flowers

Rose of Sharon : Single - Heartedness

Rose of Sharon (Mid Jul ~ Early Sep)
The Garden of Morning Calm
Gapyeong-gun, Gyeonggi-do

무궁화 일편단심

More information about Korea at **www.visitkorea.or.kr**

Imagine your Korea

Der Südwesten und Jeju-do

Die Hauptstadt ist weit weg – und so haben die Menschen im Südwesten ihre regionalen Eigenheiten bewahrt. Das gilt insbesondere für die große Vulkaninsel Jeju-do.

◄ Wuchtig ragen die Felsen der Insel Hongdo aus dem Meer, die schon seit 1965 Naturschutzgebiet ist.

Der Südwesten des Landes besteht im Wesentlichen aus den Provinzen **Jeollanam-do** und **Jeollabuk-do** sowie der Metropolregion **Gwangju**. Historisch lag die Region stets im »zentralen Abseits«. Zentral, weil von hier ein Großteil der landwirtschaftlichen Produktion kam und noch heute kommt. Zentral auch als Sammelbecken der Kunst; viele der koreanischen Kunstformen haben hier ihre Wurzeln. Koreas bedeutendste Kunstschau ist die Gwangju Biennale. Im Abseits stand die Region hingegen, weil die Menschen sich wenig von der Hauptstadt sagen ließen und immer wieder Bauernaufstände anzettelten. Mit dem Aufstand gegen die Militärdiktatur vom 18. Mai 1980 fand dieser Widerstandsgeist seinen Anknüpfungspunkt an die Moderne. Heute erlebt die Region einen wahren Ansturm von Besuchern, die hier das alte Korea suchen und auch finden: zumeist bei Festtafeln, die sich unter der Last der vielen Speisen ebenso biegen wie die eleganten Dachlinien der Hanok-Häuser.

Die Vulkaninsel **Jeju-do** wiederum ist wohl die eigenständigste aller koreanischen Provinzen, weshalb sie auch politisch einen Autonomiestatus genießt (mehr Informationen zur Insel Jeju-do ← S. 119).

Dadohae-Meeres-nationalpark
(다도해해상국립공원)
▶ S. 152/153, A–F 17–19

Zum Südwesten hin zerbröselt die koreanische Halbinsel geradezu, und so ist der Name Dadohae auch treffend: »Meer der vielen Inseln«. Insgesamt sind es über 1 500, von denen rund 400 zu diesem größten Nationalpark Koreas zusammengefasst wurden.

Auf den Inseln ist das Leben noch viel ursprünglicher und ruhiger als an der Südküste, und jede einzelne hat ihren eigenen Charme. Für den Erhalt dieses einzigartigen Ökosystems setzt sich seit 2009 die UNESCO ein, die die Inseln zum Biosphärenreservat ernannt hat.

SEHENSWERTES
Cittaslow Insel Cheongsan-do
▶ grüner reisen, S. 19

Cittaslow Insel Jeung-do
▶ grüner reisen, S. 19

Heuksando (흑산도) ▶ S. 152, B 17
Heuksando war früher der letzte Stopp vor der Überfahrt nach China. Heute werden Gäste schon am Fährhafen mit dem Lied »Das Mädchen aus Heuksando« begrüßt, einem jahrzehntealten Schlager. Die Insel galt einst als Inbegriff der Einsamkeit und hat sich bis heute kaum verändert. Spezialität ist der fermentierte Rochen Hongeo, den selbst die meisten Koreaner wegen des stechenden Geschmacks kaum herunterbekommen. Vom Hafen Mokpo 1 Std. 50 Min. mit der Fähre • Abfahrten tgl. 7.50, 13.20 und 14 Uhr • Fähre 24 800 Won

Hongdo (홍도) ▶ S. 152, A 17
Die Fähre Mokpo–Heuksando fährt weiter nach Hongdo. Die »Rote Insel« ist nach den farbigen Felsformationen benannt, die mit dem Grün der Urwälder und dem azurblauen Meer ein beeindruckendes Farbspiel ergeben. Eine Bootsrundfahrt um die Insel

dauert etwa zwei Stunden. Da Hong-do bereits 1965 zum Naturschutzgebiet erklärt wurde, darf man auf der Insel nicht frei umherlaufen.
Vom Hafen Mokpo 2 Std. 30 Min. mit der Fähre • Abfahrten tgl. 7.50, 13.20 und 14 Uhr • Fähre 30 250 Won, Eintritt 2 600 Won

Damyang (담양) ▶ S. 148, C 12

47 000 Einwohner

Damyang sieht sich als Heimat des Bambus und der Gelehrtenkultur, doch viele Koreaner denken auch an eines: das Hacksteak »Tteokgalbi«. Dass Damyang jedoch wirklich ein Zentrum des Denkens war, zeigen verschiedene Pavillone und der Gelehrtengarten Soswaewon.

SEHENSWERTES
Cittaslow Changpyeong

▶ grüner reisen, S. 19

MERIAN-Tipp 10

BAMBUS & TRADITIONELLE SÜSSIGKEITEN

In **Damyang** gibt es Dutzende von Fachgeschäften und Ausstellungshallen. Während des Bambusfestivals gibt es zudem einen großen Bambusmarkt. Beliebte Produkte sind Bambusmatten und -kellen, Bambusbehälter unterschiedlichster Art und Bambushüte. Daneben gibt es eine Vielfalt aufwendiger Kunst aus Bambus. Im Dorf **Changpyeong** wiederum dreht sich alles um traditionelle Süßigkeiten, die hier garantiert ökologisch einwandfrei nach traditioneller Methode hergestellt werden. Preiswerter gibt es diese Qualität nirgends.

Juknokwon-Bambuswald (죽녹원)

Die Vielfalt der insgesamt acht Spazierwege im Bambuswald Juknokwon ist erstaunlich. Mal fühlt man sich wie in einem Dschungel, dann wieder wie auf einem Bergpass und in den steilen Tälern weht auch im Hochsommer ein kühlender Wind. Man vergisst sogar, dass man eigentlich auf einem einzigen Berg umherwandert. Typisch Koreanisch: An jedem Pavillon steht Insektenspray bereit.
tgl. 9–19 Uhr • Eintritt 2 000 Won

Sikyeongjeong-Pavillon (식영정)

Nur wenige Hundert Meter vom Garten Soswaewon entfernt liegt der Pavillon Sikyeongjeong, »in dem selbst der Mond Schatten findet«, wie es der Namensgeber Jeong Cheol ausdrückte. Der wiederum ist eine der schillerndsten Figuren der koreanischen Politgeschichte; ruchloser und grausamer Politiker, aber gleichzeitig ein feinfühliger Poet, der Gedichte aus der Perspektive einer Frau schreiben konnte. Man kann sich geradezu vorstellen, wie er hier auf der Anhöhe saß, sich von ein paar Hinrichtungen erholte und dichtete.

Soswaewon-Garten (소쇄원)

Wenn ein Betrachter hier beim ersten Blick die Gestaltung vermisst, dürfte ihm der Erbauer, der joseonzeitliche Politiker Yang Sang-bo, dankbar sein. Während Chinesen den Garten strukturieren und Japaner ihn künstlich natürlich gestalten, ist der Koreaner darauf bedacht, nur besonders schöne Natur einzufangen. Ein Bonmot heißt: »Ein koreanischer Garten, das ist der Blick aus dem Fenster.« Trotzdem sollte man sich nicht täuschen lassen. Die Ebenen (je eine für die Bewirtung von Gästen, privates Vergnügen und das Studium), die Wegführung, die Lage der Pavillons, sogar einzelne Steine und Pflanzen haben literarische oder philosophische Bedeutungen. Wer diese Andeutungen versteht, fühlt sich in dem über 500 Jahre alten Garten wie in einer Bibliothek konfuzianischer Klassiker. Der Garten wird bis heute von der Familie Yang verwaltet.

17 Soswaewon-gil, Nam-myeon, Damyang-gun • tgl. 9–19 Uhr • Eintritt 1 000 Won

MUSEEN
Koreanisches Bambusmuseum (담양 죽박물관)

Von Bambusarten und -anbau über die Verarbeitung bis hin zu Workshops wie Bambusmattenflechten lässt dieses Museum keine Fragen offen.

35 Jukhyangmunhwa-ro, Damyang-eup • tgl. 9–18 Uhr • Eintritt 1 000 Won

ÜBERNACHTEN
Damyang Resort

Modern und chic • Hotel mit einem der besten Spas im Südwesten.

202 Geumseongsanseong-gil, Geumseong-myeon, Damyang-gun • Tel. 061-381-5000 • www.damyang spa.com • 42 Zimmer • €€€

Hanogeseo (한옥에서)

Klein und persönlich • Wunderbare, traditionelle Pension in der Slowcity Changpyeong mit schönem Garten.

88-9 Doldam-gil, Changpyeong-myeon, Damyang-gun • Tel. 61-382-3832 • 10 Zimmer • €

ESSEN UND TRINKEN
Bangmulgwanapjip (박물관 앞 집)

Typisch • »Das Haus am Museum« liegt – unschwer zu erraten – direkt am Bambusmuseum. Es gibt Bambus-gerichte, u.a. den sehr aromatischen, im Bambusrohr gedämpften Reis.

670-13 Baekdong-ri, Damyang-eup, Damyang-gun • Tel. 061-381-1990 • Bambusreis 10 000 Won, Menü mit allen Spezialitäten 32 000 Won • €€–€€€€

Deogingwan (덕인관)

Quirlig • Gilt als das beste Restaurant für die feine Hackboulette »Tteokgalbi«, es gibt aber auch Bambusgerichte und normales »Bulgogi«. Groß, viele Beilagen, manchmal etwas hektisch.

408-5 Baekdong-ri, Damyang-eup, Damyang-gun • Tel. 061-381-7781 • www.deokinkwan.com • tgl. 11–22 Uhr • €€€

Gwangju (광주)

▶ S. 148, C 12

1,4 Mio. Einwohner

Gwangju ist das unbestrittene Zentrum der südwestlichen Honam-Region, obwohl die Provinzregierung im benachbarten Muan liegt. Dass Gwangju eine Stadt der Künste und der Demokratiebewegung ist, sieht man insbesondere im lebendigen Stadtkern, wo derzeit ein riesiges Kultur- und Gedenkzentrum an der Stelle gebaut wird, an der im Jahr 1980 der Demokratieaufstand von Gwangju niedergeschlagen wurde.

SEHENSWERTES
Gedenkstätte Aufstand des 18. Mai (국립 5.18 묘지)

Im Gegensatz zu vielen Nachbarländern steht Südkorea auch zu den dunklen Epochen der eigenen Geschichte, etwa zur blutigen Niederschlagung des Bürgeraufstands von Gwangju im Mai 1980 durch Diktator Chun Doo-hwan. Wer sich ein Bild davon machen möchte, wie hart die heute

Der Hallyeo-Meeresnationalpark (▶ S. 111) liegt der EXPO-Stadt Yeosu praktisch zu Füßen und illustriert das Motto der Weltausstellung: »the living ocean and coast«.

stabile Demokratie erkämpft wurde, ist hier richtig. Die zum Gedenkfriedhof gehörende Ausstellung ist einfach in den Darstellungsmitteln und trotzdem sehr bewegend: Hier wird nichts geschönt, und einige Originalfotos und Videos können verstören.
200 Minju-ro, Buk-gu, Gwangju • http://eng.518.org • tgl. 8–19, im Winter 8–17 Uhr • Eintritt frei

Kunststraße Gwangju (광주 예술의 거리)

Kommt man von der Fußgängerzone Geumnamno, entdeckt man nahe der Gwangju-Polizeiwache eine kleine Straße, wo sich die feine Kunstszene der Stadt tummelt. Unzählige Ateliers, Galerien und Cafés reihen sich aneinander, am anderen Ende steht eine der schönsten Kirchen der Stadt. Samstags großer Flohmarkt.
Jungang-ro, Dong-gu, Gwangju-si

ÜBERNACHTEN
Holiday Inn Gwangju

Spitzenhotel • Direkt am Kim-Dae-Jung-Kongresszentrum gelegen. Die Architektur ist ein echter Blickfang, der Service spitze.
55 Sangmunuri-ro, Seo-gu, Gwangju-si (U-Bhf Mareuk) • www.holidayinn gwangju.com • 205 Zimmer • €€€€

Ramada Plaza Gwangju

Erstklassiger Service • Eines der wenigen internationalen Hotels im Südwesten. Topmodern, etwas außerhalb des Zentrums.
149 Sangmujayu-ro, Seo-gu, Gwangju-si • www.ramadagwangju.com • 240 Zimmer • €€€€

ESSEN UND TRINKEN
Yeongmi Oritang (영미 오리탕)

Einzigartig • Von außen unprätenziös, innen eines der besten Entenrestaurants des Landes. In Korea kommt Ente hauptsächlich geräuchert oder in der Suppe auf den Tisch.

126 Gyeongyang-ro, Buk-gu, Gwangju-si • tgl. 10.30–2 Uhr • €€€–€€€€

Geumdayeon (금다연)

Beste Namdo-Küche • Direkt am Rathaus gelegen, gehobenes Ambiente. Menü für 2 Pers. ab 80 000 Won.

72 Sangmuyeonha-r, Seo-gu, Gwangju-si • tgl. 10–20 Uhr • €€€€

SERVICE
Touristinformation

Am Bahnhofsvorplatz • tgl. 9–18 Uhr

Ziele in der Umgebung
◎ Naejangsan-Nationalpark
(내장산국립공원) ▶ S. 148, C 11

Für Koreaner ist eine Farbe mit dem Naejangsan verbunden: Scharlachrot. Im Herbst, wenn sich die Blätter verfärben, stürmen Besucher den Park. Dabei ist der Naejangsan zu jeder Jahreszeit eine Reise wert. Allein die Wanderung zum **Naejangsa-Tempel** auf dem von jahrhundertealten Ahornbäumen gesäumten Weg ist ein spirituelles Erlebnis. Den besten Blick hat man von der Seilbahn aus, die in 5 Min. auf über 600 m Höhe fährt.

http://english.knps.or.kr/knp/naejangsan • Tempel tgl. 9.30–17.30, Seilbahn 7–17 Uhr Eintritt Nationalpark 1 300 Won, Naejangsa-Tempel 3 000 Won, Seilbahn 6 000 Won

40 km nördl. von Gwangju

◎ Unjusa-Tempel (운주사)
▶ S. 148, C 12

Dieser Tempel ist für seine etwas bizarren Buddhabildnisse und die vielen Pagoden bekannt. Buddha im Liegen, Buddha im Fels, Buddha im Stehen, Buddha in der Laterne – an jeder Ecke der Anlage begegnen einem neue Formen, die mit jeglicher kanonisierten Darstellungsweise zu brechen scheinen. Die neunstöckige Pagode direkt am Eingang ist in ihrer schlichten Würde äußerst typisch für den koreanischen Geschmack und nicht nur deshalb ein Nationalschatz.

tgl. 8–18 Uhr • Eintritt 2 500 Won 25 km südl. von Gwangju

◎ Yeongam (영암) ▶ S. 153, D 17

Yeongam ist seit 2010 auch vielen deutschsprachigen TV-Zuschauern ein Begriff, weil hier der Formel 1 Grand Prix von Korea stattfindet. Was sich außerdem hier verbirgt, wissen aber die wenigsten, z. B. der **Nationalpark Wolchulsan** mit seinen schönen Felsformationen und abenteuerlichen Hängebrücken oder auch ein ansehnliches **Töpfermuseum**, denn hier befinden sich einige der historisch bedeutsamsten Brennöfen Koreas.

30 km südl. von Gwangju

Hallyeo-Meeresnationalpark (한려해상국립공원)
▶ S. 151, D–E 15

Auf halber Strecke zwischen der EXPO-Stadt Yeosu und Busan liegt der Hallyeo-Meeresnationalpark, der zwar nicht ganz so viele Inseln hat wie sein großer Bruder weiter im Westen (▶ S. 107), dafür aber sehr unterschiedliche Attraktionen beherbergt. Vor allem die Insel **Geojedo** ist ein Muss für Besucher.

SEHENSWERTES
Namhae (남해) ▶ S. 150, C 15

Die Insel Namhae mit ihrer über 300 km langen Küstenlinie gilt als die »Schatzinsel« Koreas. Sie ist mit dem

Festland über die mächtige Namhae-Brücke verbunden, an deren Südende das **Schildkrötenschiff**, ein joseon-zeitliches koreanisches Schlachtschiff, ankert, das besichtigt werden kann. Auf der Insel selbst gibt es verschiedene bekannte Dörfer, darunter **Daraengi** mit seinen Terrassenfeldern und das **Keramikdorf Haeoreum**.

Eine weitere Besonderheit ist das **Deutsche Dorf**. Seit den 1960ern waren viele Koreaner als Bergarbeiter und Koreanerinnen als Krankenschwestern nach Deutschland gekommen. Im Alter zog es sie zurück in die Heimat, und oft nahmen sie ihre deutschen Ehepartner mit. So gibt es jetzt auch in Korea Spitzengardinen und gepflegte Vorgärten, allerdings neben weißem Sandstrand. Zur Einstimmung auf einen Besuch kann man sich den deutschsprachigen Dokumentarfilm »Endstation der Sehnsüchte«, anschauen.

Tongyeong & Geojedo (통영, 거제도) ▶ S. 151, D 15

Tongyeong ist eine der schöneren Hafenstädte, mit vielen guten Restaurants und Unterkünften. Mit der Seilbahn geht es auf den Berg **Mireuksan**, wo ein Tempel steht und sich ein fantastischer Blick auf die vielen vorgelagerten Inseln bietet. Der **Yun-Isang-Gedenkpark** erinnert an einen auch in Deutschland bekannten koreanischen Komponisten, der später Deutscher wurde. Und die deutsch-koreanische Freundschaft geht noch weiter; der Leiter eines der besten Festivals Asiens, des Tongyeong-Musikfestivals, ist Alexander Liebreich. Von hier aus kann man **Geojedo**, eine der größten Inseln Koreas erkunden. Von dort wiederum fährt die Fähre zum pittoresken **Botanischen Garten Oedo**.

ÜBERNACHTEN
Namhae Hilton Spa & Resort
▶ S. 150, C 15

Betuchte Kundschaft • Das erste Hilton Resort in Korea ist eines der exklusivsten Häuser des Landes und polarisiert mit seiner avantgardistischen Architektur. Wellness-Bereich und Küsten-Golfplatz locken Gäste aus dem In- und Ausland an.
40-109 Namseo-daero, 1179beongil, Nam-myeon, Namhae-gun • Tel. 055-860-0100 • www3.hilton.com • 170 Zimmer • €€€€

EINKAUFEN

Die Stadt Tongyeong ist bekannt für ihre aufwendigen **Lackarbeiten** mit Perlmutt-Intarsien. In der Stadt gibt es noch einige traditionelle Handwerksmeister, die diese Waren herstellen.

Jeonju (전주) ▶ S. 149, D 11
650 000 Einwohner

Bei der Erwähnung der Provinzhauptstadt von Jeollabuk-do kommt jeder Koreaner ins Schwelgen. Das liegt weniger an den vielen historischen Attraktionen als vielmehr an den kulinarischen Freuden. Sei es die regionale Variante des Bibimbap, die traditionelle Hanjeongsik-Tafel oder auch die Sojasprossensuppe »Kongnamulgukbap« – sie alle schmecken laut koreanischer Expertise hier am besten. Wunderschön ist die restaurierte Altstadt mit byzantinischer Kirche, Schrein, Stadttor und Pavillons.

SEHENSWERTES
Altstadt von Jeonju (전주 한옥마을)

Die Altstadt von Jeonju ist eine der beliebtesten Sehenswürdigkeiten des Landes, auch bei Koreanern selbst. Während die Industrialisierung in vielen anderen Städten nur wenig Traditionelles übrig gelassen hat, verfügt Jeonju noch heute neben den herausragenden historischen Vorzeigestätten über eine Siedlung aus etwa 800 Hanok-Häusern aus den unterschiedlichsten Epochen. Durch eine behutsame Stadtsanierung ist der Reiz des Viertels, das auf Koreanisch »Hanokmaeul« (»Hanok-Dorf«) genannt wird, noch gestiegen. Überall gibt es kleine Läden mit Kunsthandwerk, wunderschöne Cafés und Teehäuser unter prächtigem altem Dachgebälk und natürlich die schmackhafte Küche der südwestlichen Region. Spazieren Sie am Fluss entlang in Richtung Südosten, dorthin ist die Sanierung noch nicht vorgestoßen; weniger bekannte Attraktionen wie der **Hanbyeokdang**, ein über dem Fluss hängender Pavillon, und die **konfuzianische Akademie** der Stadt finden sich dort.

Viertel Gyodong und Pungnam-dong, Wansan-gu, Jeonju-si

Gyeonggijeon-Schrein (경기전)

Der Schrein im Zentrum der Altstadt kann als einer der bedeutendsten Orte der koreanischen Geschichte bezeichnet werden, wird doch hier dem Gründer der Yi-Dynastie, Yi Seonggye gedacht. Zentrum des Schreins ist der Raum, in dem das Ahnenporträt Yis aufbewahrt wird, doch auch die Wirtschaftshöfe, das Archiv und die vielen Bäume und Stelen sind sehenswert. Die auf einen Verrat gegründete Herrschaft der Familie dauerte übrigens über 500 Jahre an. Obwohl Seoul die Hauptstadt des neuen Reiches wurde, vergaß die Familien nie ihre Wurzeln und führte hier regelmäßig Zeremonien durch.

75 Gyeonggijeon-gil, Wansan-gu, Jeonju-si • tgl. 9–18, Winter 9–17 Uhr

Jeondong-Kathedrale (전동성당)

Diese katholische Kirche war das erste im romanischen Stil errichtete Gebäude der Region Honam und eines der wenigen in voller Pracht erhaltenen Beispiele der koreanischen Sakralbaukunst im westlichen Stil. Als die Kirche 1914 errichtet wurde, legte man Steine aus der Befestigung des Stadttors Pungnammun ins Fundament, an dem im Jahr 1791 viele katholische Gläubige von den Behörden hingerichtet worden waren. Auf dem Gelände ist ein Gebäude der Erzdiözese originalgetreu erhalten; die restlichen werden derzeit aufwendig nach Originalvorlagen wieder aufgebaut.

tgl. 9–18 Uhr • Eintritt frei

Omokdae und Imokdae (오목대, 이목대)

Der Pavillon **Omokdae** thront auf dem Berg am östlichen Ende der Altstadt. Viele Treppen führen zu dem Bauwerk, das man sich als eine Art Oper vorstellen kann. Der nach allen Seiten offene Pavillon war Veranstaltungsort für Adelsfeiern aller Art, auf denen der für die Region typische Pansori-Gesang dargeboten wurde. Heute bietet er vor allem Schatten, Ruhe und die beste Aussicht auf das Meer der Dächer Jeonjus. Der kleine Gedenkpavillon **Imokdae** hingegen erinnert an die Kindheitsspiele eines Vorfahrs des Gründers der Yi-Dynastie (1392–1910), dessen Taten die Gründung der neuen Dynastie inspiriert haben sollen und in die Literaturgeschichte Koreas eingingen.

Pungnammun-Tor (풍남문)

Jeonju war früher wie viele Städte des Landes von einer mächtigen Stadtmauer umgeben. Dem japanischen

Imperialismus jedoch hielt die Mauer nicht stand; die Japaner rissen die Stadtbefestigung ab und verbauten die Steine überall in der Stadt. Dieses prächtige Tor ist eins der letzten Zeugnisse. Ein Spaziergang durch die Altstadt beginnt meist hier.

MUSEEN
Hanji-Papiermuseum (전주한지박물관)

Seit Oktober 2011 präsentiert sich das Hanji-Museum in neuem Gewand. Hier erfährt man alles über die Geschichte und Herstellungsart des koreanischen Papiers und kann selbst einmal bei der Arbeit eines traditionellen Papierschöpfers »mithelfen«. Das Museum liegt etwas abseits der großen Attraktionen, ist aber mit dem Taxi einfach zu erreichen.

59 Palbok-ro, Deokjin-gu, Jeonju-si • Di–So 9–17 Uhr • Eintritt frei

Zentrum für traditionelle Künste Jeonju (전주전통문화관)

Seit 2002 bietet dieses prächtige Anwesen mitten auf der Hauptstraße der Altstadt sowohl lokale Kunsthandwerksprodukte als auch die Möglichkeit, sich selbst einmal an der Tradition zu versuchen.

tgl. 11–21 Uhr • Tel. 063-280-7003 • Eintritt frei (außer Materialkosten für Mitmachecken)

ÜBERNACHTEN
Asehun (아세헌)

Kleine Pension • Um einen winzigen Hof liegen liebevoll eingerichtete Zimmer. Highlight: eine Zitherstunde oder Gesangsunterricht bei der Besitzerin, die anerkannte Meisterin ist (Unterricht 10 000 Won).

39 Eunhaeng-ro, Wansan-gu, Jeonju-si • Tel. 063-287-1677 • Reservierungen: asehun@yahoo.co.kr • 5 Zimmer • €€

ESSEN UND TRINKEN
Café Idag (카페 이닥)

Höchst innovativ • Außen koreanisches Hanok, innen mit viel Liebe zum Detail im Landhausstil eingerichtet. Oreo-Latte und selbst gemachter Cranberry-Cake sind Kalorienbomben, die man nicht bereut.

104 Hyanggyo-gil, Wansan-gu, Jeonju-si • Tel. 070-4045-1923

Gogung (고궁)

Kein Schnickschnack • Zeigt, dass auch Reis mit Gemüse eine Kunstform darstellen kann. Ansprechend präsentiert, nur die besten Zutaten.

33 Songcheonjungang-ro, Deokjin-gu, Jeonju-si • Tel. 063-251-3211 • €€

Beterang (Veteran, 베테랑)

Wie früher • Nicht sehr hübsch, aber wegen des Geschmacks kommt das ganze Land. Deftige Nudelsuppen und Teigtaschen.

135 Gyeonggijeon-gil, Wansan-gu, Jeonju-si • Tel. 063-285-9898 • tgl. 9–22 Uhr • €

EINKAUFEN
Fächer, Papier und Liköre

Jeonju ist berühmt für Erzeugnisse aus dem traditionellen Hanji-Papier. Als Geschenk- oder Briefpapier, etwas dicker geschichtet als dekorative Schatulle oder in Form eines Fächers – das reißfeste und ökologisch einwandfreie Material macht in jeder Form etwas her. Besonders geeignet als Souvenir sind auch die hübschen Hanji-Puppen. Daneben gibt es eine Vielzahl traditioneller Liköre, die man auch probieren kann. Direkt am Fuß des

Besonderheit des Tapsa-Tempels, einst die Einsiedelei eines Mönchs, sind die unzähligen, aus einzelnen Steinen aufgeschichteten Pagodentürmchen.

Hügels im Osten der Altstadt gibt es einige große Hanok-Häuser, in denen verschiedene lizenzierte Produkte der Stadt verkauft werden.

SERVICE
Touristinfo Jeonju

Neben dem Rathaus, Seonosong-dong • Tel. 063-282-1330 • tourist.jeonju.go.kr • tgl. 9–18 Uhr

Ziele in der Umgebung
◎ **Geumsansa-Tempel** (금산사)

▶ S. 146, B 8

Der Tempel wurde im Jahre 599 von einem großen Förderer des Buddhismus, König Beopheung von Baekje, gegründet. Während der japanischen Invasionen 1592–1598 komplett zerstört, wurde er in den kommenden Jahrhunderten immer wieder umgebaut. Die Maitreya-Statue ist nicht nur aufgrund ihrer Größe von 11,82 m

beeindruckend, sondern auch wegen ihrer feinen Gestaltung. Wer sich die Anlage genauer anschauen möchte, kann im Rahmen eines Templestay-Programms übernachten.

Tel. 063-542-0048 • www.geumsansa.org • tgl. 9–17 Uhr • Eintritt 3 000 Won

40 m nordöstl. von Jeonju

◎ **Maisan-Provinzpark mit Tapsa-Tempel** (마이산 탑사)

▶ S. 149, D 11

Die wegen ihrer charakteristischen Form »Pferdeohrenberg« genannte Ansammlung von drei unterschiedlich hohen Gipfeln ragt recht unversehens aus der sonst eher flachen Honam-Ebene auf. Der **Tapsa-Tempel**, einst die Einsiedelei eines Mönchs, ist mit seinen unzähligen, aus einzelnen Steinen aufgeschichteten Pagoden zwischen zwei steilen Felswänden eine in Korea einmalige Attraktion. Schaut man sich die kleinen Einlässe in der Felswand hoch über dem Tempel an, beginnt man fast die Geschichte zu glauben, dass der hier lebende Mönch zum Meditieren dort hinauf flog. Neben den über 80 Steinpagoden und Schreinen für schamanistische Gottheiten ist auch die Kirschblüte ein guter Anlass für einen Besuch.

Tel. 063-433-3313 • tgl. 9–18 Uhr • Eintritt 2 000 Won

30 km östl. von Jeonju

Jirisan-Nationalpark (지리산국립공원)

▶ S. 149, D–E 12

Als die Regierung 1967 begann, landschaftlich reizvolle Gebiete unter Schutz zu stellen, war der Jirisan die erste Wahl. Er erstreckt sich über drei Provinzen und bildet die natürliche Barriere zwischen den kulturell unterschiedlichen südwestlichen und südöstlichen Regionen. Nach traditionellem Verständnis gilt er wegen seiner Höhe von fast 2 000 m als die Säule, auf der der Himmel über der koreanischen Halbinsel ruht, und als ihr Rückgrat. Buddhismus, Teekultur, traditionelle Medizin, Schamanismus, all das ergibt ein besonders starkes »Gi«, also Lebenskraft. Die einzige in Korea lebende Bärenart ist hier zwar heimisch, geht Wanderern in dem riesige Areal aber aus dem Weg. Wer das Jirisan-Gebirge erkunden möchte, tut dies am besten von **Gurye** aus.

Eintritt 3 000 Won

SEHENSWERTES
Hwaeomsa-Tempel (화엄사)

▶ S. 149, D 12

Die Anfänge dieses sehr sehenswerten Tempels reichen bis ins Jahr 544 zurück. Die heutige Form stammt aus der Mitte der Joseon-Dynastie und gehört zu den besterhaltenen Idealformen der koreanischen Tempelarchitektur. Obwohl viele Hallen, Buddhastatuen und Pagoden den Rang von Nationalschätzen haben, sticht die Sasaja-Pagode hervor; ihr besonderer Unterbau aus vier Löwen ist in dieser Form einzigartig in Korea und mindestens 1 300 Jahre alt.

tgl. 7–19.30 Uhr • Eintritt 3 500 Won

Ssangyesa-Tempel (쌍계사)

▶ S. 149, E 12

Jedes Kind in Korea kennt die Geschichte, wie ein Mönch im Jahr 840 Teesamen aus China um den Tempel herum verstreute und der Anbau des wilden Tees im Jirisan-Gebirge begann. Heute ist dieser etwas besser organisiert, und die Mönche dieses historisch bedeutenden und architektonisch reizvollen Tempels wissen diese Tradition zu pflegen. Wussten Sie, dass Teetrinken nach buddhistischem Glauben näher ans Nirvana bringt? Nach einer Tasse des hier angebauten Tees werden Sie verstehen, warum.

tgl. Sonnenauf- bis Sonnenuntergang

MUSEEN
Zentrum zur Erhaltung bedrohter Arten (지리산멸종위기종복원센터)

▶ S. 149, D 12

Hier widmet man sich der Erhaltung der einheimischen Bärenart »Bandalgaseumgom« (wörtl. Halbmondbrustbär, eine Art Kragenbär) und versucht, mit Vorträgen und einer Ausstellung Interesse für diese und andere gefährdete Arten im Ökosystem des Jirisan zu wecken. Die Bärenzucht ist in letzter Zeit besonders erfolgreich, und mit ein bisschen Glück bekommt man in den Freigehegen sogar eines der Jungtiere zu sehen.

41 Hwangjeong-ri, Masan-myeon, Gurye-gun • Tel. 061-783-912 • Di–So 9–17 Uhr • Eintritt frei

ÜBERNACHTEN
Gokseonjae (곡선재) ▸ S. 149, D 12

Bodenständige Pension • Ein traditionelles Hanok-Haus, in der Nähe des Pyeongsari-Parks.
15-2 Gokjeonjae-gil, Toji-myeon, Gurye-gun • Reservierung: omiri3@hanmail.net • 10 Zimmer • €€

ESSEN UND TRINKEN
Jirisan Daetongbap (지리산 대통밥) ▸ S. 149, D 12

Reichlich • Gerichte mit wilden Bergkräutern, bambusgedämpftem Reis und Süßwasser-Fischspezialitäten; Direktverkauf lokaler Produkte.
325 Hwaeomsa-ro, Masan-myeon, Gurye-gun • Tel. 061-783-0997 • tgl. 8–22 Uhr • €€

Ziele in der Umgebung
◎ **Hwagae (화개장터)** ▸ S. 149, E 12

Der sehenswerte, traditionelle Markt von Hwagae war einst einer der größten des Landes. Heute gibt es ökologisch einwandfrei angebaute Produkte direkt vom Bauern, verschiedene Liköre und Kunsthandwerk. Nach dem Feilschen lässt es sich wunderbar einkehren und koreanisches Rindfleisch mit Pilzen und Brühe genießen.
15 km südöstl. von Gurye

◎ **Pyeongsari-Park (평사리 공원)** ▸ S. 149, E 12

Ein Fluss schlängelt sich durch eine weite Ebene und an einem Abhang thront ein wunderschönes Anwesen. Leider nicht historisch, sondern auf Basis der Beschreibungen in Koreas wohl bedeutendstem Roman »Toji« zu Ehren der Autorin Park Kyung-ni

erbaut. Allein die Anfahrt über die Straße am Fluss, die im Frühling von einem kilometerlangen Kirschblütentünnel gekrönt wird, ist ein Spektakel für sich.
20 km südöstl. von Gurye

Suncheon & Yeosu
(순천 & 여수) ▸ S. 150, B 15

Suncheon 270 000 Einwohner, Yeosu 250 000 Einwohner

Die beiden alten Städte Suncheon und Yeosu bilden mit der Industrieplanstadt Gwangyang, einem der größten Containerhäfen der Welt, ein wichtiges Ballungszentrum am Südende des Landes. **Yeosu** hat einige historische Sehenswürdigkeiten und rückte als Veranstaltungsort der **EXPO 2012** in den Mittelpunkt der weltweiten Aufmerksamkeit. **Suncheon** hingegen wird wenig beachtet; wer hierher fährt, sieht meistens nur das Busterminal oder den Bahnhof, bevor er zur **Bucht Suncheonman** fährt (▸ S. 19). Dabei hat diese Abgeschiedenheit nicht geschadet: Von den Vereinten Nationen wurde Suncheon 2010 als lebenswerte Stadt mit einem Preis ausgezeichnet.

SEHENSWERTES
EXPO-Gelände Yeosu

Vom 12. Mai bis 12. August 2012 fand die Weltausstellung in Yeosu statt. Anstatt eine riesige Show zu veranstalten, hat man sich hier auf das Wesentliche konzentriert. Das Gelände, ein nicht mehr genutztes Hafenbecken, das aufwendig und doch behutsam auf Vordermann gebracht wurde, symbolisiert mit seiner Anlage teils auf dem Land, teils auf dem Meer das Motto der Weltausstellung »Der lebende Ozean und die Küste«.
www.expo2012.kr

Jinnamgwan-Halle in Yeosu (진남관)

Diese Halle ist das längste einstöckige Holzgebäude Koreas und ein Ort von großer historischer Bedeutung, erinnert er doch an die genialen Feldzüge von Admiral Yi Sun-sin, der die Japaner bei deren Invasionen 1592–1598 hier im Süden in die Flucht schlug. 68 Säulen ergeben eine überdachte Fläche von mehr als 700 Quadratmetern.

MUSEEN

Museum für Schifffahrt und Fischerei (해양수산과학관)

Selbst Besucher, die das Thema weniger interessiert, werden staunen. Anschaulich ist hier die maritime Kultur Koreas aufbereitet, inklusive vieler Informationen zur Vergangenheit der Stadt Yeosu. Es gibt ein kleines Aquarium, in dem man Meeresbewohner der Region kennenlernen kann.
Auf der Insel Dolsan • Di–So 9–18 Uhr • Eintritt 3 000 Won

ÜBERNACHTEN

In Yeosu entstanden zur EXPO zahlreiche neue Hotels. Am besten sucht man sich auf dieser Internetseite eines aus: www.ystour.kr.

ESSEN UND TRINKEN

Yeosu Hanilgwan (여수 한일관)

Namdo-Küche • Die südwestliche Kunst der Fischzubereitung wird hier geradezu zelebriert. Menü für 2 Personen ab 60 000 Won.
43-9 Yeomun 1-ro, Yeosu-si • tgl. 9–23 Uhr • €€€

Ziele in der Umgebung

◎ Grünteefelder von Boseong (보성 대한다업)   ▶ S. 150, A 15

Boseong ist neben Hadong (▶ S. 19) eines der beiden großen traditionellen Teeanbaugebiete Koreas, wobei Kritiker darauf verweisen, dass der Tee hier nicht wild, sondern auf säuberlich gepflegten Plantagen wächst. Das genau ist es aber, was den Reiz der Gegend ausmacht. Die flauschig aussehenden Teebäume schmiegen sich in schier endlosen Reihen um die Bergrücken, zwischendurch lugt immer wieder mal eine Zeder oder ein anderes Bäumchen hervor. Die bekannteste Plantage ist Daehan, die eigens auf Besucher ausgerichtet ist.
763-43 Nokcha-ro, Boseong-eup, Boseong-gun • tgl. 9–19 Uhr • Eintritt 2 000 Won
45 km südwestl. von Suncheon

◎ Naganeupseong (낙안읍성)   ▶ S. 150, B 15

Das Dorf liegt mitten in einer weiten Ebene mit saftigen Reisfeldern. Hier gibt es kleinere Pensionen, Restaurants und Keramikwerkstätten. Einen Überblick bekommt man bei einem Spaziergang auf der alten Festungsmauer, dann kann man die kleinen Höfe erkunden, im Schatten jahrhundertealter Bäume einen erfrischenden Tee trinken oder an einem der vielen Kulturprogramme teilnehmen.
tgl. 9–18 Uhr (danach nur Übernachtungsgäste) • Eintritt 2 000 Won
15 km westl. von Suncheon

◎ Seonamsa-Tempel (선암사)   ▶ S. 150, B 15

Fast jeder Koreaner kennt die beiden Steinbrücken des Tempels mit dem wunderbaren Pavillon im Hintergrund, denn hier werden häufig TV-Werbungen, Filme und Serien gedreht. Schaut man aus dem richtigen Winkel, ergibt der Bogen der Brücke mit seiner eigenen Spiegelung im Wasser einen perfekten Kreis. Nur wenige aber wissen, dass diese Anlage zum Seonamsa-Tempel am Fuße des Jogyesan-Gebirges gehört. Der Tempel selbst, der hinter den Brücken sichtbar wird, ist mit seiner Architektur ein Geheimtipp; ein so stilvolles Toilettenhäuschen sieht man selten.

tgl. Sonnenauf- bis Sonnenuntergang (danach nur Übernachtungsgäste) • Eintritt 2 000 Won

15 km nordwestl. von Suncheon

◎ Songgwangsa-Tempel
(송광사) ▶ S. 149, D 12

Es gibt in Korea drei Haupttempel, und jeder bewahrt einen der drei buddhistischen Schätze (Buddha, Lehre, Gemeinschaft). Der Songgwangsa ist für die Bewahrung der Gemeinschaft verantwortlich, hier werden Mönche ausgebildet. Der Tempel ist also nicht nur architektonisch bedeutend, son-

dern auch ein Machtzentrum im koreanischen Buddhismus. Jeder Novize, der an den dutzenden Gedenksteinen für große Mönche der Vergangenheit vorbeigeht, weiß dies nur zu genau. Ausdruck dessen ist auch der riesige hölzerne Behälter in einem der Höfe, der Reis für 4 000 Mönche fasst.

tgl. 7–19 Uhr • Eintritt 3 000 Won

20 km nordwestl. von Suncheon

◎ Suncheonman-Bucht
▶ grüner reisen, S. 19

Vulkaninsel Jeju-do
(제주도) ▶ S. 152/153, C–E 20

Ursprünglich herrschte hier das Tamna-Reich, bis es von den Herrschern der Joseon-Dynastie 1402 entmachtet wurde. Die eigenständige Kultur hat sich jedoch bis heute bewahrt und erscheint in vielem wie der Gegenentwurf zur Festlandskultur: Männer gel-

Die Grünteefelder von Boseong schmiegen sich an die Hügel (▶ S. 118). Mehrere Plantagen empfangen Besucher und bieten Verkostungen an.

ten als unfähig, die Frauen verdienen Geld und haben das Sagen. Gebetet wird zu den inseleigenen Göttern, und zwar an schamanistischen Altaren, und der Jeju-Dialekt ist so fremdartig, dass ihn die meisten Festlandkoreaner nicht einmal verstehen. Ein Beispiel: »Herzlich willkommen« heißt auf Hochkoreanisch »eoseo oseyo«, im Jeju-Dialekt »honjeo obseoye«.

Jeju ▶ S. 153, D 20

410 000 Einwohner

Die Inselhauptstadt ist ohne Frage der am wenigsten sehenswerte Ort der Insel, die Umgebung sollte man sich aber ansehen. Über 70 % der Bewohner Jejus wohnen in der nördlichen Hälfte der Insel, die verwaltungstechnisch zur Stadt Jeju gehört; die meisten im engeren Stadtgebiet selbst – und die Stadt wächst weiter.

SEHENSWERTES
Jeju Love Land

Vergessen Sie alle Vorurteile über prüde Asiaten, das Jeju Love Land zeigt, was in Sachen Sexualität möglich ist – teils deftig, teils mit einem Augenzwinkern. Das Original liegt direkt an der »Mysteriösen Straße«, auf der Autos bergauf zu rollen scheinen. Noch interessanter als die teils kitschigen, teils richtiggehend pornografischen Kunstwerke dürfte jedoch die Beobachtung der koreanischen Besucher sein: Von der 80-jährigen Großmutter bis zum seriösen Geschäftsmann wird hier viel gelacht, angefasst, posiert und diskutiert. Inzwischen hat die Idee unzählige Nachahmer auf der ganzen Insel gefunden.

2894-72, 1100-ro, Jeju-si • www.jejuloveland.com • tgl. 9–24 Uhr (letzter Einlass 23 Uhr) • Eintritt 9 000 Won (ab 19 Jahren!)

MUSEEN
Nationalmuseum Jeju (국립제주박물관)

Im 1991 eröffneten Nationalmuseum erlebt man die Geschichte der Insel von prähistorischen Anfängen bis in die Joseon-Zeit hinein. Schwerpunkt wird hier auf die eigenständige Kultur des Tamna-Reiches gelegt.

17 Iljudong-ro, Jeju-si • http://jeju.museum.go.kr • Di–Fr 9–18, Sa, So bis 19 Uhr • Eintritt frei

ÜBERNACHTEN
Ramada Plaza Jeju

Zentral im alten Teil der Stadt • Ein sachliches Haus der internationalen Kette Ramada, direkt an der Küste gelegen, nur 10 Min. vom Flughafen.

66 Tapdong-ro, Jeju-si • Tel. 064-729-8100 • www.ramadajeju.co.kr • 380 Zimmer • €€€

ESSEN UND TRINKEN
Jejuseom (제주섬)

Spezialitäten aus dem Meer • Verschiedene Fischgerichte, immer frisch in sauberem, klarem Ambiente.

2 Wolseong-ro, Jeju-si • Tel. 064-742-2928 • tgl. 10–23 Uhr • €€

SERVICE
Touristinformation

In der Ankunftshalle des Internationalen Flughafens • tgl. 9–20 Uhr

Fahrradtouren

Beschreibungen mehrerer Fahrradtouren finden sich auf der Website www.bikemap.net

Ziele in der Umgebung:
◎ Hallasan-Nationalpark (한라산국립공원) ▶ S. 153, D 20

Die höchste Erhebung Südkoreas, der Berg Hallasan, verbirgt sein Antlitz

Treasure Island bietet natürliche Schönheit

Willkommen auf

Jeju!

Insel Jeju: 3-fache Auszeichnung der UNESCO, Finalist bei den „7 new Wonders" – einzigartig schön!

JEJU
TOURISM
ORGANIZATION

meist hinter Wolken und Nebel. Man kann wochenlang auf der Insel zubringen, ohne seinen Gipfel (1950 m) zu sehen. Wer nicht warten oder einen Blick auf den kleinen Kratersee **Baengnokdam** werfen möchte, der muss selbst hinauf, über die Wolkendecke, was aber nicht auf die leichte Schulter genommen werden sollte: Es gibt keine Übernachtungsmöglichkeiten auf dem Gipfel, weshalb man innerhalb eines Tages Auf- und Abstieg bewältigen muss. Es gibt zwei Hauptwege, beide etwa 10 km lang; die Ostroute **Seongpanak** und die Nordroute **Gwaneumsa**. Die erste ist die einfachere und die zweite die landschaftlich noch etwas reizvollere. Längerfristige Planungen sind schwierig, da das Wetter extrem wechselhaft ist und die Verwaltung von Tag zu Tag entscheidet, ob sie Wanderer hinauflassen kann. UNESCO-Weltnaturerbe.

www.hallasan.go.kr/english
10 km südl. von Jeju-Stadt

◎ **Hallim, Geumneung und Hyeopjae** (한림, 금능, 협재)
▶ S. 152, C 20

Die Strände **Geumneung** und **Hyeopjae** trennen nur einige Meter Lavafelsen. Die Strände erinnern mit ihrem türkisblauen, glasklaren Wasser, den vielen Palmen und dem fast weißen, feinen Sand an die Strände Südostasiens. Etwas vorgelagert liegt die Kraterinsel **Biyangdo**. Essen sollte man am Hyeopjae-Strand. Dort findet man auch den 1971 eröffneten, sehenswerten **Botanischen Garten Hallim**, ein riesiges Areal mit Palmengarten, Höhle, einem interessanten Bonsai-Garten u.v.m.

www.hallimpark.co.kr • tgl. 8.30–19.30 Uhr • Eintritt 10 000 Won
40 km westl. von Jeju-Stadt

Am Strand Hyeopjae hat man beim Sonnenbaden die Kraterinsel Biyangdo im Blick. Das Wasser ist klar, der Sand weiß und fein – ein kleines Paradies.

◎ Manjanggul-Lavaröhre
(만장굴)　　▶ S. 153, D/E 20

Weil die Wege, auf denen die Lava hier ins Meer floss, streng genommen keine Höhlen sind, nennt sich das Weltnaturerbe, das die UNESCO im Jahr 2007 anerkannt hat, »Lavaröhren«. Der Unterschied ist allerdings unerheblich, insbesondere beim Durchwandern des kathedralenartigen Tunnels Manjanggul. Geschickt eingesetzte Beleuchtung zeigt, welche Ausmaße die Höhle hat. Dabei sind die gut 900 m, die der Öffentlichkeit zugänglich gemacht worden sind, nur ein Teil der über 13 km des Tunnelsystems, das bislang entdeckt wurde. Trotzdem ist der Tunnel nach heutigem Stand der längste der Welt. Auch im Hochsommer braucht man hier einen Pullover!

Gimnyeong-ri, Gujwa-eup, Jeju-si • tgl. 9–18 Uhr • Eintritt 2 000 Won 25 km östl. von Jeju-Stadt

Seogwipo (서귀포)
　　　　　▶ S. 153, D 20

155 000 Einwohner

Seogwipo ist die größte Stadt im Südteil von Jeju und wächst in letzter Zeit kräftig. Der Ort verfügt über einige interessante Punkte, insbesondere die Wasserfälle locken viele Besucher an; übrigens war die Stadt das Quartier der deutschen Fußball-Nationalmannschaft bei der WM 2002.

Heute kommen viele chinesische Pauschaltouristen und wollen kaum wieder weg, insbesondere der Komplex Jungmun, der touristische Infrastruktur auf Weltniveau bietet, hat es ihnen angetan. Seongsan ist der größte Hafen an der Ostküste der Insel und äußerst reizvoll gelegen; man blickt auf das UNESCO-Weltnaturerbe, den Krater Ilchulbong (▶ S. 124), dahinter auf das Binnenmeer, auf den Vulkan Hallasan und auf die Küstenlinie mit dem Städtchen Seopjikoji (▶ S. 125).

SEHENSWERTES
Cheonjeyeon-Wasserfall
(천제연 폭포)

Genau genommen ist der »Teich des Himmels« eine Ansammlung von drei Wasserfällen, die sich aus einer Höhle speisen und durch die Klippen in drei Stufen in den Pazifik ergießen. An der sehenswertesten Stufe, der ersten, wird man von bizarr geformten Felsen begrüßt. Von hier führt ein Wanderweg weiter bis zu den anderen Stufen, doch die meisten Besucher überqueren die Schlucht an der schönen Chilseonyeogyo-Brücke (Sieben-Nymphen-Brücke), die die Verbindung zwischen dem Jungmun-Resort und der Stadt darstellt.

tgl. 8–23 Uhr • Eintritt 2 000 Won

ÜBERNACHTEN
Haevichi Hotel & Resort

Extraklasse • Neues Resort in der Nähe des Strands Pyoseon. Selbst die Ondol-Zimmer sind modern.

537 Minsokhaean-ro, Pyoseonmyeon, Seogwipo-si • Reservierung: Tel. 064-780-8000 • www.haevichi. com • 250 Zimmer • €€€€

Hyatt Regency Jeju

Wahrzeichen der Insel • Das Hyatt thront über dem Jungmun-Strand. Etwas in die Jahre gekommen, aber noch immer eines der besten Häuser.

114 Jungmungwangwang-ro 72beongil, Seogwipo-si • jeju.regency.hyatt. com • 224 Zimmer • €€€€

Podo Hotel

Exklusiv und ökologisch korrekt • Der Name »Weintraube« ist treffend,

und auch die Architektur- und Design-
preise hat das Hotel zu Recht gewon-
nen. Exklusivität und behutsame Ein-
bettung ins Ökosystem sprechen für
eine Nacht hier.

863 Sallongnam-ro, Andeok-myeon,
Seogwipo-si • Tel. 064-793-7000 •
www.podohotel.kr • 20 Zimmer •
€€€€

ESSEN UND TRINKEN
**Goendangne Sikdang
(권당네 식당)**

Beim Volkskundedorf Seongeup •
Die Gerichte werden direkt am Tisch
gegrillt, Nudelsuppe und Kräuter-
pfannkuchen gibt's kostenlos.

 8-2 Seongeupjeonguihyeon-ro
22beon-gil, Pyoseon-myeon,
Seogwipo-si • Tel. 064-787-1055 •
tgl. 8–19 Uhr • €€

**Seongeup Chilsimni Sikdang
(성읍 칠십리 식당)**

Regionale Köstlichkeiten • Fasanen-
Kartoffelsuppe und Schwarzes
Schwein treffen sich im Lavasteinhaus
des freundlichen Besitzerehepaares.

74 Seongeupjeonguihyeon-ro,
Pyoseon-myeon, Seogwipo-si • €€

Sambo Sikdang (삼보식당)

Im Zentrum • Hier gibt es Abalonen-
Spezialitäten (Seeohren, eine Schne-
ckenart) und herzhafte Eintöpfe.

25 Jungjeong-ro, Seogwipo-si • tgl.
8–21.30 Uhr • €

EINKAUFEN
Besucher vom koreanischen Festland
staunen über »Gamgyul«, eine Man-
darinenart, und ihren großen Bruder »Hallabong«, über Kiwis und
Mangos. Eine weitere Spezialität sind
die Baengnyeoncho-Kakteen, die zu
einem süßlich-klebrigen Saft oder zu

Schokolade verarbeitet werden. In
letzter Zeit erfreut sich auch die ökologisch gefärbte traditionelle Kleidung
der Insel großer Beliebtheit. Absoluter
Renner sind die aus Lavastein gefertigten Dolhareubang-Großväterfiguren.

SERVICE
Touristinformation

Am Eingang zum Jungmun-Resort •
tgl. 9–18 Uhr

Ziele in der Umgebung
◎ Sanbanggulsa-Grotte
(산방굴사)　　　　▶ S. 152, C 20

Der Berg Sanbangsan erscheint besonders mythisch, wenn sein Kegel in
Nebelschwaden verschwindet. Auch
dieser Berg ist ein Vulkan, jedoch
ohne Krater; die Lava floss immer
weiter. Seine wundersame Form hat
zu allen Zeiten Gläubige aller Kon-
fessionen angelockt. Neben einem
kleinen Schrein für den legendären
Vater der koreanischen Nation, Dangun, gibt es einen buddhistischen
Tempel und die Sanbanggulsa-Grotte.
Besonders schön ist es hier am frühen
Abend, wenn es leerer geworden ist
und man das schöne Licht der Kerzen
in der Felsspalte für sich allein hat.

tgl. 8–19 Uhr • Eintritt 2 000 Won
20 km westl. von Seogwipo

◎ Seongeup-Volkskundedorf
(성읍)　　　　▶ S. 153, E 20

Ein sehr authentisches Beispiel eines
befestigten traditionellen Dorfs. Immer mehr Privathäuser werden für
Besucher geöffnet.

30 km östl. von Seogwipo

◎ Seongsan Ilchulbong-Krater
(성산 일출봉)　　　　▶ S. 153, E 20

Je nach Jahreszeit muss man sich spu-
ten, um nach dem etwa 20-min. Auf-

stieg rechtzeitig auf dem Kraterrand zu stehen, um die Sonne über dem Pazifik aufgehen zu sehen. Der Krater wurde von der UNESCO zum Weltnaturerbe ernannt – er ist eines der Symbole der Insel und weithin sichtbar. Tipp: Die Treppen hinunter befindet sich ein kleiner Strand, an dem die **Haenyeo-Meerestaucherinnen** ihren frischen Fang verkaufen.

45 km östl. von Seogwipo

◎ Seopjikoji (섭지코지)

▶ S. 153, E 20

Fast meint man, auf dieser Landzunge in Schottland oder Irland zu sein. Dramatische Klippen, grasbewachsene Dünen im Hinterland, auf denen gedrungene Pferde weiden. Wären da nicht die Scharen asiatischer Touristen, die die kleine Kirche besichtigen, wäre die Illusion perfekt.

40 km östl. von Seogwipo

◎ Udo (우도)

▶ S. 153, E 20

Die Fähren zur Insel Udo fahren vom Hafen Seongsanpo ab. Die Insel selbst ist wie eine Miniaturausgabe von Jeju; steile Klippen, flache Küstenabschnitte, Unterwasserhöhlen und die berühmten Taucherinnen. Tipp: ein Fahrrad ausleihen!

Fährticket 2 000, Eintritt 1 000 Won
50 km östl. von Seogwipo

◎ Yongmeori-Küste (용머리 해안)

▶ S. 152, C 20

Direkt unterhalb des Bergs Sanbangsan liegt diese wundersame Klippen- und Felsformation. Über steile Treppen und ein Loch in einer Felswand gelangt man zu einer Replik des Schiffs, mit dem der Niederländer Henrik Hamel im Jahr 1653 hier strandete – der wohl erste westliche Tourist.

tgl. 9–19 Uhr • Eintritt 2 000 Won
20 km westl. von Seogwipo

Der Krater Seongsan Ilchulbong (▶ S. 124), der wie eine riesige Kelle vor der Ostküste Jejus im Meer liegt, gehört zum Weltnaturerbe der UNESCO.

Der Flughafen von Incheon (▶ S. 54 und
136) gilt als der beste der Welt – komfortabel
wie ein 5-Sterne-Hotel, mit Hightech-Service
und sogar kulturellen Angeboten.

Wissenswertes
über Korea

Nützliche Informationen für einen gelungenen
Aufenthalt: Fakten über Land, Leute und Geschichte
sowie Reisepraktisches von A bis Z.

Auf einen Blick

Mehr erfahren über Südkorea – Informationen über Land und Leute, von Bevölkerung über Geografie, Politik und Religion bis Sprache und Wirtschaft.

AMTSSPRACHE: Koreanisch
BEVÖLKERUNG: überwiegend Koreaner, chinesische Minderheit
EINWOHNER: 50 Mio.
FLÄCHE: 99 500 qkm
HAUPTSTADT: Seoul
INTERNET: www.korea.net
RELIGION: ca. 50 % religionslos, von den übrigen 50 %: 43 % Buddhisten, 34,5 % Protestanten, 20,6 % Katholiken
STAATSFORM: Präsidialrepublik
STAATSOBERHAUPT: Präsidentin Park Geun-hye
VERWALTUNG: 9 Provinzen (»do«), Hauptstadt Seoul und die autonomen Städte Busan, Daegu, Incheon, Gwangju, Daejeon und Ulsan; in den 9 Provinzen gibt es 77 kreisfreie Städte (»si«) und 88 Landkreise (»gun«)
WÄHRUNG: Won

Bevölkerung

Da die Koreanische Halbinsel von der Vereinigung durch das Silla-Reich im Jahr 668 bis zur Teilung nach dem Zweiten Weltkrieg fast durchgehend eine politische Einheit war, besteht die Bevölkerung größtenteils aus ethnischen Koreanern. Seit dem Ende des Koreakriegs ziehen in Südkorea immer mehr Menschen aus ländlichen Gebieten in die Städte, insbesondere nach Seoul. Die Vorstädte der Hauptstadt dehnen sich immer weiter aus; die große Hauptstadtregion (Sudogwon) hat bereits um die 20 Mio. Einwohner. Südkorea hat eine hohe Bevölkerungsdichte von rund 480 Personen pro qkm.

◄ Eine Besonderheit Koreas sind die Haenyeo-Meerestaucherinnen, die auf der Insel Jeju auf Beute aus sind.

Geografie

Die Koreanische Halbinsel erstreckt sich auf einer Länge von etwa 1 000 km zwischen China und Japan. An ihrer schmalsten Stelle ist sie nur 216 km breit. 70 % der Fläche des Landes ist gebirgig. Auf einem schmalen Streifen an der Ostküste sowie an der Westküste und im Südosten ist das Gelände flacher. Dort werden die meisten landwirtschaftlichen Erzeugnisse, insbesondere Reis, angebaut. In der Nähe des 38. Breitengrads verläuft seit dem Koreakrieg die faktische Grenze zwischen Nord- und Südkorea, die sogenannte Entmilitarisierte Zone (DMZ, ▶ S. 51).

Politik

Südkorea hat sich seit den 1960er-Jahren von einer agrarisch geprägten zu einer wohlhabenden Industriegesellschaft entwickelt. Staatsoberhaupt ist der direkt vom Volk gewählte Präsident. Seine Amtszeit beträgt einmalig fünf Jahre, eine Wiederwahl ist ausgeschlossen. Als höchster Vertreter der Republik vertritt er sie nach innen und außen. Er steht auch an der Spitze der Verwaltung und setzt in dieser Funktion von der Nationalversammlung beschlossene Gesetze in Kraft, er ernennt den Ministerpräsidenten. Er ist Befehlshaber der Armee und kann den Krieg erklären. Amtierende Präsidentin ist seit 2013 Park Geun-hye.

Religion

In Südkorea herrscht Religionsfreiheit. Die indigene Religion ist der Schamanismus, aber auch der Buddhismus und der Konfuzianismus kamen früh ins Land und spielten in der sozio-kulturellen Entwicklung des Landes eine bedeutende Rolle. Darüber hinaus gibt es verschiedene kleinere Religionen, die mehrere Elemente der traditionellen Religionen kombinieren. Das Christentum wurde Ende des 18. Jahrhunderts eingeführt und besitzt heute eine bedeutende gesellschaftliche Macht.

Sprache

Koreanisch gehört wie das Ungarische, Türkische, Mongolische und Finnische zur ural-altaischen Sprachfamilie. Das koreanische Alphabet Hangeul besteht in seiner heutigen Form aus zehn Vokalen und 14 Konsonanten. Diese systematische Wiedergabe gesprochener Laute wurde 1443 auf Veranlassung von König Sejong durch eine Gruppe von Gelehrten geschaffen.

Wirtschaft

Von den 1960er-Jahren bis heute hat sich Südkorea zu einer der führenden Wirtschaftsnationen emporgearbeitet. Motor des Wirtschaftswachstums ist der Export. Wichtige Ausfuhrprodukte sind Elektronik, Fahrzeuge, Unterhaltungselektronik, Stahl, Schiffe, chemische Produkte, Textilien sowie Fisch. Die wichtigsten Absatzmärkte sind China und die USA mit je mehr als 20 % am Exportvolumen. Danach folgen die Europäische Union, Japan und Taiwan.

1996 wurde die Republik Korea das 29. Mitglied der Organization for Economic Cooperation and Development (OECD). Seit 2010 gehört sie zu den Geberländern des OECD-Entwicklungsausschusses.

Geschichte

2333 v. Chr.
Das erste Königreich, Gojoseon (Alt-Joseon), wird gegründet. Einer Legende nach hat Hwanung, ein Sohn des Himmels, einen Bären in eine Frau verwandelt und mit ihr den Gründer Koreas, König Dangun, gezeugt.

57 v. Chr.–668 n. Chr.
Zeit der Drei Königreiche: Goguryeo, Baekje und Silla. 660 besiegt Silla das Reich Baekje, 668 auch Goguryeo.

676–935
Im Vereinten Silla-Reich erlebt Korea eine kulturelle Blütezeit, u. a. wird der Buddhismus offiziell eingeführt.

698–926
Goguryeo-General Dae Jo-yeong gründet im Norden von Silla das Reich Balhae. Dank reger Beziehungen zur chinesischen Tang-Dynastie vergrößert sich das Gebiet und entwickelt sich eine eigenständige Kultur.

918–1392
Im Goryeo-Reich herrscht eine zutiefst buddhistische Oberschicht. Die Adelskultur erlebt mit Seladon-Steinzeug und buddhistischer Ikonenmalerei ihren Höhepunkt.

1238
Mongolen invadieren die Koreanische Halbinsel. In der Hoffnung, die Invasion abzuwenden, war zuvor der Tripitaka Koreana geschaffen worden, eine Holzdruckausgabe des buddhistischen Kanons (▶ MERIAN-TopTen, S. 97).

1392–1910
Zeit der Joseon-Dynastie. Der Neo-Konfuzianismus, vorher nur Verwaltungsideologie, beherrscht alles. Philosophie und Literatur erleben eine Blütezeit; 1443 wird das koreanische Alphabet »Hangeul« geschaffen. Politisch stellt sich die Dynastie bis zur Ausrufung des Koreanischen Kaiserreichs 1897 als Vasall unter die chinesische Qing-Dynastie.

1910
Japan hat sich in Ostasien als dominierende Macht etabliert und zwingt den koreanischen Kaiser abzutreten. 35 Jahre lang wird Korea nun unter japanischer Kolonialherrschaft stehen.

1. März 1919
Ausgehend vom Seouler Tapgol-Park wird im ganzen Land für die Unabhängigkeit demonstriert. Viele Menschen werden getötet. Daraufhin konstituiert sich in Shanghai die koreanische Exilregierung.

1945
Ende des Zweiten Weltkriegs, Kapitulation Japans. Die Koreanische Halbinsel wird geteilt. Die UdSSR besetzen den Norden Koreas, der Süden untersteht der amerikanischen Militärregierung.

1947/1948
USA und UdSSR können sich nicht auf eine Wiedervereinigung einigen. Am 10. Mai 1948 finden im Süden freie Wahlen statt. Rhee Syng-man übernimmt die Regierungsgeschäfte von den Amerikanern. Der Norden gründet die Demokratische Volksre-

publik Korea. Erster Präsident wird Kim Il-sung. Beide Regierungen erheben Anspruch auf ganz Korea.

25. Juni 1950
Nordkorea überfällt die Republik Korea. Zunächst besetzt Kim Il-sung fast den gesamten Süden, nach der Landung von UN-Truppen wird er auf sein eigenes Territorium zurückgedrängt.

30. September 1950
Südkorea dringt in den Norden vor. China schickt 300 000 »Freiwillige« in den Kampf.

1. Januar 1951
400 000 chinesische und 100 000 nordkoreanische Soldaten greifen den Süden an und besetzen Seoul erneut. Da Mao keinen Krieg gegen die USA will, forciert er die Besetzung nicht weiter.

September/Oktober 1951
Nach der letzten und schwersten Schlacht des Koreakriegs streben beide Seiten einen Waffenstillstand an. Die USA wollen China und die UdSSR zu Zugeständnissen zwingen und bombardieren den Norden, bis er fast vollständig verwüstet ist.

27. Juli 1953
Waffenstillstandsabkommen zwischen den UN und Nordkorea. Die Entmilitarisierte Zone (▸ MERIAN-Top-Ten, S. 51) wird als Waffenstillstandslinie festgeschrieben.

1961
Nach einem kurzen und turbulenten Intermezzo einer parlamentarischen Demokratie putscht General Park Chung-hee. Er gewinnt relativ freie Wahlen und beginnt den Industrialisierungskurs des Landes.

1972
Die Demokratiebewegung wird stärker. Präsident Park schränkt mit der Yusin-Verfassung die Bürgerrechte weiter massiv ein; direkte Präsidentschaftswahlen werden abgeschafft. Die Wirtschaft boomt weiter.

1980
Nach der Ermordung Parks putscht General Chun Doo-hwan gegen Interimspräsident Choi Kyu-ha. Am 27. Mai lässt er einen Bürgeraufstand in Gwangju blutig niederschlagen.

1987
Der »Seouler Frühling« bringt die Militärdiktatur zum Einlenken; freie Wahlen, demokratische Verfassung.

1988
Olympische Spiele in Seoul.

1997
Im Zuge der schweren Asienkrise wird der ehemalige Dissident Kim Dae-jung als erster Oppositionskandidat Präsident.

2000
Historisches Gipfeltreffen zwischen Nord- und Südkorea. Kim Dae-jung erhält dafür den Friedensnobelpreis.

2002
Südkorea und Japan richten die Fußballweltmeisterschaft aus.

16. April 2014
Vor der Südwestküste sinkt die Fähre »Sewol« mit über 450 Menschen an Bord. Es gibt 294 Tote, die meisten davon Schüler, die sich auf einem Ausflug befanden. Das Unglück erschüttert das Vertrauen der Koreaner in Politik und Sicherheit des Landes.

Sprachführer Koreanisch

Menschlicher Umgang

Guten Tag 안녕하세요 – annye-
onghaseyo

Auf Wiedersehen 안녕히계세요 –
annyeonghi gyeseyo

Danke! 감사합니다 – gamsaham-
nida.

Bitte sehr! 천만에요 – cheonma-
neyo.

Ja/Nein 예/아니요 – ye/aniyo

Entschuldigung 미안합니다 –
mianhamnida

Ich habe das nicht verstanden.
잘 모르겠어요 – jal moreuges-
seoyo.

Sprechen Sie Englisch? 영어 할 줄
아세요 – yeongeo hal jul aseyo?

Wie geht es Ihnen/Dir? 어떻게
지내세요/지내 – eotteoke jin-
aeseyo/jinae?

Gut 잘 지내요 – jal jinaeyo

Wie heißen Sie? 성함이 어떻게
되세요 – seonghami eotteoke
doeseyo?

Mein Name ist … 제 이름은 … 입
니다 – je ireumeun … imnida.

Auf Orientierungssuche

Wo ist …? … 어디에 있어요 –
eodie isseoyo?

Bitte zeigen Sie mir den Weg nach/
zu … … 에 가는 길을 가르쳐 주
세요 – … e ganeun gireul gareu-
chyeo juseyo.

Links/rechts/gradeaus 오른쪽/
왼쪽/똑바로 – oreunjjok/
oenjjok/ttogbaro

Beim Entdecken

Geöffnet/geschlossen 열렸음/닫혔
음 – yeollosseum/dachyeosseum

Gibt es eine Führung auf Englisch?
영어 가이드 투어가 있나요 –
yeong-eo gaideu tueo ga innayo?

Beim Einkauf

Haben Sie …? … 있어요 – isseoyo?

Es gefällt mir sehr gut. 아주 마음에
들어요 – aju maeume deureoyo.

Es gefällt mir nicht. 마음에 안 들
어요 – maeume an deureoyo.

Wie viel kostet …? … 얼마예요 –
eolmayeyo?

Das ist zu teuer. 너무 비싸요 –
neomu bissayo.

Ich bezahle nur … Won. 저는 #원
밖에 없어요 – jeoneun … won
bakk-e eobs-eoyo.

Ich nehme es. 이것 주세요 –
igeot juseyo.

Wo ist die Kasse? 계산대는 어디
에 있어요 – gyesandaeneun
eodie isseoyo?

Im Restaurant

Bedienung! 여기요 – yeogiyo!

Die Speisekarte bitte. 메뉴판 주세
요 – menyupan juseyo.

Ich hätte gern … … 주세요 –
juseyo.

Guten Appetit! 맛있게 드세요 –
masitge deuseyo.

Prost! 건배 – geonbae!

Die Rechnung bitte! 계산서 주세
요 – gyesanseo juseyo!

Nehmen Sie Kreditkarten? 카드
계산 되나요 – card gyesan
doenayo?

Im Taxi

Bitte bringen Sie mich zu dieser
Adresse. 이 주소로가주세요 –
i jusoro gajuseyo.

Bitte halten Sie hier an. 여기 멈추
어주세요 – yeogi meomchueo-
juseyo.

Bitte fahren Sie noch bis dorthin.
저기까지 가 주세요 – jeogikkaji
ga juseyo.

Mit dem Mietwagen unterwegs

Ich möchte ein Auto mieten. 차를 렌트하고 싶어요 – chareul renthago sipeoyo.

Wie viel kostet das? 얼마예요 – eolmayeyo?

Wann ist die Rückgabe? 언제까지 반납하면 되나요 – eonjekkaji bannaphamyeon doenayo?

Einmal volltanken, bitte 가득이요/ 가득 넣어주세요 – gadeugiyo/ gadeuk neoeojuseyo

Diesel/Benzin 디젤/가솔린 – dijel/gasollin

Auf Reisen

U-Bahnstation 지하철역 – jihacheol-yeog

Bushaltestelle 버스 정류장 – beoseu jeonglyujang

Bahnhof 역 – yeog

Flughafen 공항 – gonghang

Eine Fahrkarte nach … bitte
… 행 표 한 장 주세요 –
… haeng pyo han jang juseyo

Einfache Fahrt/hin und zurück, bitte 편도로/왕복으로 주세요 – pyeondoro/wangbogeuro juseyo

Wann fährt der Bus/Zug ab? 버스는/기차는 언제 출발해 요 – beoseuneun/gichaneun eonje chulbahaeyo?

Wann geht der Flieger? 비행기는 언제 이륙해요 – bihaenggineum eonje iryukaeyo?

Wo ist der nächste Geldautomat? 가까운 **ATM**은 어디입니까 – gakkaun ATM eun eodi ibnikka?

Übernachten

Ich hätte gerne ein Einzelzimmer/ Doppelzimmer. 침대 하나짜리 방을 주세요./침대 두 개짜리 방을 주세요 – chimdae hanajjari bangeul juseyo/chimdae du gaejjari bangeul juseyo.

Für eine Nacht/zwei Nächte/eine Woche 하루/이틀/일주일 – haru/iteul/iljuil

Hotel 호텔 – hotel

Hostel 호스텔 – hoseutel

Notfälle

Können Sie mir helfen? 도와주 세요 – dowa juseyo?

Bitte rufen Sie die Polizei! 경찰 에 전화해주세요 – gyeongchale jeonhwahejuseyo.

Bitte rufen Sie einen Krankenwagen. 응급차를 좀 불러 주세요 – eung-geubchaleul jom bulleo juseyo.

Ich wurde bestohlen. 도둑 맞았어 요 – dodug maj-ass-eoyo.

Ich habe eine Panne. 자동차가 고 장 났어요 – jadongchaga gojang nass-eoyo.

Es gab einen Unfall. 사고가 났어요 – sagoga nasseoyo.

Ich habe Durchfall. 설사가 나요 – seolsaga nayo.

Ich habe Zahnschmerzen. 이가 아 파요 – iga apayo.

Ich habe Fieber. 열이 나요 – yeol-i nayo.

Zählen

1 일/하나 – il/hana
2 이/둘 – i/dul
3 삼/셋 – sam/set
4 사/넷 – sa/net
5 오/다섯 – o/daseot
6 육/여섯 – yuk/yeoseot
7 칠/일곱 – chil/ilgop
8 팔/여덟 – pal/yeodeolb
9 구/아홉 – gu/ahop
10 십/열 – sip/yeol
100 백 – baek
1000 천 – cheon
10000 만 – man

Kulinarisches Lexikon

A

Albap 알밥 – Reis mit Gemüse und Fischrogen

B

Banchan 반찬 – Beilagen

Barugongyang 발우공양 – Mönchsmahlzeit (Buddhistische Küche)

Bbang 빵 – Brot

Bibimbap 비빔밥 – Gemischter Reis mit Gemüse und Chilipaste

Bindaetteok 빈대떡 – Mungobohnen-Pfannkuchen

Bokkeumbap 볶음밥 – Bratreis

Budae Jjigae 부대찌개 – Bunter Eintopf mit Würstchen und Nudeln

Bulgogi 불고기 – Hauchdünne, marinierte Rindfleischstreifen

C

Cha 차 – Tee

Chamchi 참치 – Thunfisch

Chamgireum 참기름 – Sesamöl

D

Dak 닭 – Huhn

Dakbokkeumtang 닭볶음탕 – Scharfer Hühnereintopf

Dakgalbi 닭갈비 – Gebratenes Hühnchen mit Gemüse

Doenjang 된장 – Sojabohnenpaste

Doenjang Jjigae 된장찌개 – Sojabohnenpasteneintopf

Dolsot 돌솥 – im Steintopf serviert

Donkaseu 돈까스 – Schweineschnitzel

Dubu Kimchi 두부김치 – Tofu mit Kimchi

Dwaejigogi 돼지고기 – Schweinefleisch

E

Eomuk 어묵 – Fischteigspieß in Brühe

G

Galbi 갈비 – Gegrillte Rinderrippchen

Galbitang 갈비탕 – Rinderbrühe mit Glasnudeln und Fleischeinlage

Gamjatang 감자탕 – Deftiger Eintopf mit Schwein, Kartoffeln, Kräutern

Ganjang 간장 – Sojasoße

Ggochi 꼬치 – Spieß

Gimbap 김밥 – Reis-Algen-Rolle mit verschiedenen Füllungen

Gochujang 고추장 – Chilipaste

Godeungeo 고등어 – Makrele

Gonggibap 공기밥 – Reis in der Schale

Gui 구이 – Gegrillt

Gukbab 국밥 – Reissuppe

Guksu 국수 – Nudeln

Gungjung Eumsik 궁중음식 – Palastküche

Gwail 과일 – Obst

H

Haemul 해물 – Meeresfrüchte

Haemul Pajeon 해물파전 – Eierkuchen mit Lauch und Meeresfrüchten

Hanjeongsik 한정식 – Traditionelles Gedeck mit vielen Beilagen

Hoddeok 호떡 – Mit Zimt und Zucker gefüllter Pfannkuchen

Hoe 회 – Roher Fisch (Sashimi)

J

Jabchae 잡채 – Gemischter Glasnudelsalat

Jajangmyeon 자장면 – Nudeln in süßer schwarzer Sauce

Jeongsik 정식 – Set aus Hauptgericht, Suppe, Beilagen und Reis

Jeotgal 젓갈 – eingepökelte Meeresfrüchte

Jeyuk Bokkeum 제육볶음 – Scharf gebratene Schweinefleischpfanne

Jjambbong 짬뽕 – Meeresfrüchteeintopf mit Nudeln

Jjigae 찌개 – Eintopf

Jjimdak 찜닭 – Süß-scharfes Huhn mit Glasnudeln und Kartoffeln

Juk 죽 – Reisbrei

K

Kkakdugi 깍두기 – Gewürfeltes Rettichkimchi

Kalguksu 칼국수 – Nudelsuppe mit Muscheln und frischen Nudeln

Keopi 커피 – Kaffee

Kimchi 김치 – Meist scharf eingelegtes Gemüse, meist Kohl

Kimchi Jjigae 김치찌개 – Kimchi-Eintopf

Kimchijjim 김치찜 – Gedämpftes Kimchi mit Schweinefleisch

Kongnamul 콩나물 – Sojasprossen

M

Makgeolli 막걸리 – Trüber Reiswein

Mandu 만두 – Teigtaschen

Manduguk 만두국 – Suppe mit Teigtaschen

Maekju 맥주 – Bier

Muchim 무침 – Traditioneller, scharf angemachter Salat

Mul 물 – Wasser

Miyeokguk 미역국 – Seetangsuppe

N

Naengmyeon 냉면 – Kalte Buchweizennudeln mit Brühe

Nakji 낙지 – Oktopus

Nakjibokkeum 낙지볶음 – Scharf angebratener Oktopus mit Reis

Namul 나물 – Kräuterbeilagen

O

Ojingeo 오징어 – Tintenfisch

Ori 오리 – Ente

P

Patbingsu 팥빙수 – Geschabtes Eis mit süßen Bohnen

Pajeon 파전 – Eierkuchen mit Lauch

S

Samgyeopsal 삼겹살 – Gegrillter Schweinebauch

Samgyetang 삼계탕 – Hühnersuppe mit einem ganzen, mit Ginseng und Datteln gefüllten jungen Huhn

Sigeumchi 시금치 – Spinatbeilage

Sogogi 소고기 – Rindfleisch

Soju 소주 – 20 %-iger Schnaps

Ssambap 쌈밥 – Reis zum Einwickeln in verschiedene Blattsalatsorten

Sujebi 수제비 – Teigfladensuppe mit Kartoffeln

Sujeonggwa 수정과 – Zimtpunsch

Sundae 순대 – Blutwurst

T

Tangsuyuk 탕수육 – Süß-sauer frittiertes Schweinefleisch

Tteokbokki 떡볶이 – In scharfer Soße gebratener Reiskuchen

Tteokgalbi 떡갈비 – Traditionelle Hackboulette

Tteokguk 떡국 – Reiskuchensuppe, traditionelles Neujahrsgericht

Tang 탕 – Suppe

Twigim 튀김 – Frittiertes

U

Udong 우동 – Dicke Nudeln in starker Brühe

Uyu 우유 – Milch

Y

Yukgaejang 육개장 – Rinderbrühe mit Sojasprossen

Yukhoe 육회 – Rindfleischtatar

Reisepraktisches von A–Z

ANREISE
MIT DEM FLUGZEUG

Die Einreise aus Europa erfolgt fast immer über den Internationalen Flughafen Incheon (ICN), der mehrmals in Folge von ACI zum besten Flughafen der Welt gekürt wurde und über Annehmlichkeiten verfügt, die sonst nur ein 5-Sterne-Hotel aufweisen kann (▶ S. 54). Da der Flughafen inzwischen eines der wichtigsten Drehkreuze Asiens ist, gibt es auch zahlreiche Reisende, die hier für einen Stopover landen. An den vielen Infoschaltern gibt es Auskünfte zu Touren in die Umgebung und nach Seoul – von wenigen Stunden Dauer bis zu einem vollen Tag. Vom Flughafen dauert es etwa 60–80 Min. mit Bus, Taxi oder Flughafenbahn bis ins Seouler Zentrum, noch schneller geht es mit dem Airport Railroad Express (AREX). Es gibt vier tägliche Verbindungen ab Frankfurt am Main, und eine täglich von München aus.
www.airport.co.kr

MIT DEM SCHIFF

Schiffe aus China und Russland sind kaum mit europäischen Standards zu vergleichen. Japan und Korea verbindet die vergleichsweise moderne und komfortable Fähre Busan–Fukuoka.

AUSKUNFT

Die Korea Tourism Organization sendet kostenlos deutschsprachige Informationsbroschüren und Karten in den gesamten deutschsprachigen Raum:
Baseler Str. 35 • 60329 Frankfurt • E-Mail: ktoff@euko.de • www.visitkorea.or.kr

BARRIEREFREIHEIT

In Korea wird in letzter Zeit viel für Menschen mit Behinderung getan. Insbesondere an großen Touristenattraktionen gibt es kostenlose Rollstuhlverleihe. Die hohen Stufen in den Palästen sind durch Holzrampen barrierefrei, ebenso Hotels, Kaufhäuser, große Restaurants, einige Tempel in Seoul und das gesamte U-Bahn- und Bussystem. Auf dem Land, in den Bergen sowie in alten und kleinen Gebäuden ist die Infrastruktur noch nicht so fortgeschritten, dafür gibt es immer hilfsbereite Menschen.

BUCHTIPPS

Es gibt einen auf Korea spezialisierten Online-Buchhändler, der viele interessante Titel im Angebot hat:
www.koreanbook.de
Marion Eggert und Jörg Plassen: Kleine Geschichte Koreas (Beck, 2005). Das ideale Geschichtseinführungsheftchen, für alle mit wenig Zeit und wenig Vorkenntnissen.
Rhee Won-bok: Korea Unmasked (Gimm-Young International, 2005). Ein humoristischer Kulturgeschichtskurs in Comicform von Koreas bekanntestem Zeichner.
Simon Winchester: Korea – Zu Fuß durch das Land der Wunder (btb, 2006). Der Engländer bereiste Korea Ende der 1980er auf einer ausgiebigen Wanderung. Was er liebevoll erzählt, hat teils inzwischen nur noch historischen Charakter, das meiste ist aber noch immer genau so anzutreffen.
Martin Guan Djien Chan: Korea – Gegenwart und Zukunkft eines geteilten Landes (WBG 2012). Immer wieder gibt es Spannungen zwischen

Nord- und Südkorea. Doch wird es eine Wiedervereinigung geben? Der Autor wagt einen spannenden Blick auf den Tag X.

DIPLOMATISCHE VERTRETUNGEN IN KOREA

Botschaft der Bundesrepublik Deutschland ▶ Klappe hinten, c 2

416, Hangang-daero, Jung-gu, Seoul • Tel. 02-748-4114

Österreichische Botschaft

21 Fl., Kyobo Building, Jongno 1-ga, Jongno-gu, Seoul • Tel. 02-732-9071 ▶ Klappe vorne, b 3

Botschaft der Schweiz

20-16 Daesagwan-ro 11gil, Yongsan-gu, Seoul • Tel. 02-739-9511
▶ Klappe hinten, b 2

FEIERTAGE

Neujahr (1. Januar)

Seollal (1. Tag 1. Monat Mondkalender / Ende Januar–Mitte Februar): Einer der wichtigsten traditionellen Feiertage. Drei freie Tage – Neujahrssuppe Tteokguk, traditionelle Spiele und Ahnenverehrungszeremonie.

Der **Tag der Unabhängigkeitsbewegung (1. März)** erinnert an die Verkündung der Unabhängigkeitserklärung am 1. März 1919. Die Bewegung wurde von den japanischen Kolonialherren brutal niedergeschlagen. Jedes Jahr wird der Text im Tapgol-Park im Zentrum Seouls erneut laut verlesen. Am **Kindertag (5. Mai)** werden die Kinder herausgeputzt und man geht mit ihnen in einen Vergnügungspark, in den Zoo oder ins Kino.

Zu **Buddhas Geburtstag (8. Tag des 4. Mondmonats / Mitte Mai)** werden in allen Tempeln würdevolle Zeremonien abgehalten. Höhepunkt: die Lo-

toslaternenparade in Seoul (← S. 25).
Der **Gefallenengedenktag (6. Juni)** erinnert an die vielen für ihr Land gefallenen Soldaten und Zivilisten. Die größte Zeremonie findet auf dem Seouler Nationalfriedhof statt.

Der **Tag der Befreiung (15. August)** erinnert an die bedingungslose Kapitulation Japans am 15. August 1945 und die damit einhergehende Befreiung der Koreanischen Halbinsel.

Das koreanische Erntedankfest **Chuseok (15. Tag 8. Mondmonat / Mitte–Ende September)** wird nach dem Mondkalender gefeiert (3 freie Tage). Wie an Seollal wird die Ahnenzeremonie durchgeführt. Zu essen gibt es »Songpyeon« – auf Kiefernnadeln gedünstete, gefüllten Reiskuchen.

Wie Deutschland begeht Korea seinen **Nationalen Gründungstag am 3. Oktober**, der sich jedoch auf ein historisch nicht belegtes Ereignis bezieht: Die mythische Gründung der ersten koreanischen Nation im Jahre 2333 v. Chr. durch den legendären Gottkönig Dangun.

Weihnachten (25. Dezember)

BEDEUTENDE TAGE

Wichtige Tage, die aber keine offiziellen Feiertage sind:
Ostern, 1. Mai (Tag der Arbeit), 8. Mai (Tag der Eltern), 17. Juli (Tag der Verfassung) und 9. Oktober (Tag des koreanischen Alphabets).

GELD

1 000 Won	0,75 €
1 €	1 338,68 Won
1 Sfr	1 109,22 Won

Die koreanische Währung ist der Won. Es gibt Scheine zu 1 000, 5 000, 10 000 und 50 000 Won. Für höhere Summen gibt es Schecks, die un-

Wechselkurse Stand: Okt. 2014

kompliziert wie Scheine verwendet werden. Internationale Kreditkarten werden in allen Städten und auch auf dem Land akzeptiert, außer in sehr kleinen Läden. Bargeld kann man sich an internationalen Geldautomaten (ATM) besorgen. Trotzdem kommt es vor, dass selbst als international gekennzeichnete Automaten manche Karten abweisen. Tragen Sie also immer genug Bargeld bei sich. Fair getauscht wird bei Geldwechslern in den großen Touristengebieten und in Banken. Beim Umtausch in Hotels und Flughäfen erhält man teils sehr ungünstige Wechselkurse. Der Wechselkurs schwankt stark.

INTERNET & HANDY

Kaum ein Land ist so hochtechnisiert und technikversessen wie Korea. In jeder noch so kleinen Stadt findet sich eine Auswahl von Internet-Cafés (kor. »PC-Bang«), in denen man für ca. 1 000 Won pro Stunde ins Netz kann. Zudem gibt es in vielen Cafes, in öffentlichen Institutionen und Verkehrsmitteln kostenloses WLAN. Selbst auf vielen abgelegenen Inseln und auf den Bergen gibt es lückenlosen Handyempfang. Alle neueren Handys aus Deutschland können verwendet werden. Wem Roaming zu teuer ist, der kann sich an den Flughäfen gegen entsprechende Gebühren ein Handy leihen. Auch viele Hotels bieten inzwischen solche Verleihdienste an.

KOREA PASS

Der Korea Pass ist eine Geldkarte der **Korea Tourism Organization (KTO)**, mit der man in Museen, an Sehenswürdigkeiten u. v. m. bezahlen kann. Zusätzlich bekommt man Rabatte (5–30 % Nachlass) für die verschiedensten Attraktionen, Veranstaltungen und Geschäfte im ganzen Land. Den Korea Pass gibt es zu 50 000, 100 000, 300 000 oder 500 000 Won. Man kann den Pass auch als Fahrkarte in öffentlichen Verkehrsmitteln nutzen (Zusatzoption; außer in Daejeon). Der Korea Pass ist u. a. am Flughafen Incheon in den Wechselstuben der Hana Bank, bei 7-Eleven und am Infoschalter der Flughafenbahn AREX erhältlich, außerdem in der Touristinformation der KTO-Zentrale in Seoul (▸ Klappe vorne, c 3).
Informationen gibt es beim Touristentelefon (Tel. 02-1330) oder unter www.koreapass.or.kr

MEDIEN
TV & RADIO

Deutschsprachiges Radio mit einem großen Internetangebot bietet das öffentlich-rechtliche KBS World Radio: world.kbs.co.kr/german.

ZEITUNGEN

Korea hat eine der lebendigsten Presselandschaften Asiens und gilt als Heimat des Internet- bzw. Bürger-Journalismus. Von den englischsprachigen Zeitungen haben wohl die Korea Times und der Korea Herald die größte Reichweite.
Die Nachrichtenagentur Yonhap und viele Koreanische Zeitungen unterhalten ebenfalls englischsprachige Angebote im Internet.
http://english.yonhapnews.co.kr

MEDIZINISCHE VERSORGUNG

Die medizinische Versorgung ist auf internationalem Niveau und dabei relativ günstig. Die Abdeckung mit englischsprachigen Kliniken wird immer besser. Außerhalb großer Städte kann die Verständigung manchmal schwerfallen.

NEBENKOSTEN

1 Fahrt mit der U-Bahn	1 050–1 150 Won
1 Mineralwasser	1 000 Won
1 Kaffee Americano	2 500–5 000 Won
1 Instant-Nudelsuppe	600–1 300 Won
1 Straßensnack (z.B. Frittiertes oder Teigtaschen)	1 000–2 000 Won
1 Essen im Restaurant	ca. 15 000 Won
1 Kinokarte	10 000–15 000 Won

Asan Medical Center

▶ Klappe hinten, östl. f 4

388-1 Poongnap-dong, Songpa-gu, Seoul (Nähe Olympic Park) • Tel. 02-3010-5001

International Health Care Center des Severance Hospitals

▶ Klappe hinten, b 2

134 Sinchon-dong, Seodaemun-gu, Seoul • Tel. 02-2228-5800

NORDKOREA

Die Nord-Süd-Beziehungen sind trotz zeitweiliger Phasen der Annäherung noch immer schwierig. Die direkte Einreise aus dem Süden in den Norden wurde eingestellt. Europäer, die Nordkorea besuchen möchten, reisen in der Regel über China ein. Inzwischen gibt es Angebote deutscher Anbieter, aber noch vergleichsweise wenige Reisende. Wer nach Nordkorea fährt, sollte sich bewusst sein, dass er in eine der striktesten Diktaturen der Welt kommt.

POST

Ein Brief oder Paket benötigt per EMS 5–7 Werktage von Korea nach Deutschland. Ein normaler internationaler Brief kostet 1 500 Won. Die koreanische Post ist so preiswert , dass es sich empfiehlt, Übergepäck zu versenden.

www.koreapost.go.kr

REISEDOKUMENTE

Deutsche, Österreicher und Schweizer können mit einem mindestens noch sechs Monate nach Ankunft gültigen Reisepass einreisen und brauchen bis 90 Tagen Aufenthalt kein Visum. Wer länger bleiben will, muss entweder vor Ablauf der 90 Tage kurz ausreisen (»Visa-Run«) oder sich bei der Immigrationsbehörde als Ausländer registrieren lassen.

REISEKNIGGE

Allgemein wird diskretes Auftreten geschätzt. Insbesondere das Deutsche ist für koreanische Ohren sehr laut und hart, weshalb man in öffentlichen Verkehrsmitteln leise sprechen sollte. Die Tischsitten (▶ S. 15) sind in letzter Zeit viel entspannter geworden, trotzdem sollte man auch hier nicht zu viel Lärm verursachen. Visitenkarten, Geschenke und Kreditkarten werden mit beiden Händen gegeben und angenommen. Beim Bezahlen gilt es als höflich, den gebenden Arm mit dem freien Arm zu unterstützen. Auch an heißen Tagen ist es unüblich, ohne Socken zu laufen, da die nackten Füße nicht gezeigt werden sollen und man häufig die Schuhe ausziehen muss, z. B. im Restaurant und Tempel – außer man trägt Sandalen. Während im Alltag über Verstöße locker hinweggegangen wird, sollten Reisende sich in Tempelanlagen anpassen; das Innere von Tempelhallen ist nur nach ausdrücklicher Erlaubnis eines Mönches oder einer Nonne zu fotografieren. Man betritt eine Halle niemals durch die mittlere Tür, die den Ordinierten vorbehalten ist. Bei der Begrüßung ist eine Verbeugung wie in Japan üblich, allerdings reicht oft ein leichtes Nicken und Vorbeugen des Oberkörpers. Koreaner legen nach wie vor großen Wert auf Kleidung. Allzu lässige Kleidung ist daher nicht angebracht. Für Frauen ist die Rocklänge kein Thema, allerdings sollte man das Dekolletée möglichst bedeckt halten. Dies gilt insbesondere in Kirchen und Tempeln, aber auch in konfuzianischen Akademien. Betrunkenheit in der Öffentlichkeit ist in Korea keineswegs anstößig. Obwohl es auf der Straße oft zu lautstarken Auseinandersetzungen kommt, gibt es kaum eine Großstadt auf der Welt, die so sicher ist wie Seoul; Gewaltverbrechen sind extrem selten.

REISEZEIT & KLIMA

Die besten Reisezeiten sind März–Juni sowie September–Oktober. Im Herbst ist es noch angenehm warm und die Herbstlaubfärbung »Danpung« sieht spektakulär aus. Züge und Busse sind allerdings überfüllt, sodass sich rechtzeitiges Reservieren empfiehlt. Der Winter ist bitterkalt, trocken und windig; jetzt ist die Zeit für Wintersport.

STROM

Alle elektrischen Geräte können wie in Deutschland verwendet werden. Auf dem Land gibt es manchmal noch ganz alte Steckdosen; dafür erhält man aber überall passende Adapter.

TRINKGELD

Trinkgeld wird weder im Taxi noch im Restaurant gegeben; gerade ältere Menschen würden es als Almosen sehen und beleidigt ablehnen. Große Hotels und Nobel-Restaurants erheben 10 % Service-Zuschlag.

VERKEHR
AUTO/MIETWAGEN

In den Städten ist Selbstfahren nicht zu empfehlen, auf dem Land und auf der Insel Jeju hingegen schon, weil man flexibler ist. Alle großen Autovermieter sind in Korea vertreten.
KT Kumho Hertz: Tel. 02-1588-1230 • www.ktkumhorent.com
AJ: www.ajrentacar.co.kr

BUS

Das Bussystem ist überall gut ausgebaut und preiswert. In den Städten gibt es oft eine minutengenaue Anzeige der Abfahrten, auf dem Land können die Intervalle recht groß sein.

Mittelwerte	JAN	FEB	MÄR	APR	MAI	JUN	JUL	AUG	SEP	OKT	NOV	DEZ
Tages-temperatur	0	3	9	17	23	26	29	30	26	20	11	4
Nacht-temperatur	-7	-5	0	7	12	22	21	22	16	9	2	-4
Sonnen-stunden	5	6	6	7	7	6	4	5	6	7	5	5
Regentage pro Monat	8	6	7	7	10	10	16	14	9	7	9	9
Wasser-temperatur	5	-4	4	8	10	18	21	24	21	18	13	7

LET YOUR IMAGINATION RUN FREE

Where the sky is the limit and dreams become realities,
Welcome to Korea!

EXPRESSBUS

Expressbusse sind die beliebtesten Transportmittel zwischen den Städten. In jeder Stadt gibt es mindestens ein Expressbusterminal, das mit einem der großen Seouler Terminals (Dong Seoul, Nambu, Central City, Express) verbunden ist.

FLUGZEUG

Insgesamt werden 15 Städte angeflogen, am häufigsten die Strecken Seoul–Jeju, Busan–Jeju und Seoul–Busan. Neuere Billigflieger bieten recht günstige Tickets an.

TAXI

Taxifahren kostet in Korea sehr wenig. Entweder steigt man am Taxistand in ein Taxi ein oder man winkt ein vorbeifahrendes mit der angewinkelten Hand, Handfläche nach unten, heran. In Seoul beträgt die Grundgebühr für die ersten 2 km 3 000 Won. Danach kommen 100 Won für alle 140–150 m hinzu. Nachts wird ein Zuschlag erhoben. Fast alle Taxis haben Navigationsgeräte. Die meisten Taxifahrer sprechen einige Brocken Englisch, zur Sicherheit ist aber ein Zettel mit der Zieladresse der sicherste Weg der Kommunikation.

U-BAHN

Das Seouler U-Bahnnetz ist eines der bestausgebauten, saubersten und effizientesten der Welt. U-Bahnpläne liegen kostenlos an allen Bahnhöfen aus, diese wiederum sind auch in Englisch beschriftet. Die U-Bahnnetze von Busan, Daegu, Gwangju und Daejeon werden ausgebaut, beschränken sich aber noch auf wenige, kurze Linien.

ZUG

Der KTX ist ein Hochgeschwindigkeitszug von Weltrang. Daneben gibt es die billigeren, langsameren Interregionalzüge Saemaeul und Mugunghwa. Züge von Seoul in den Osten fahren meist vom Fernbahnhof in Cheongnyangni ab, in den Südosten vom Hauptbahnhof Seoul, in den Südwesten vom Bahnhof Yongsan. www.korail.com

WICHTIGE TELEFONNUMMERN

Polizei: 112
Feuerwehr & Notruf: 119
Touristen-Infotelefon: 02-1330
(24 Std. Englisch, Japanisch, Chinesisch)
Im Notfall hilft das Touristen-Infotelefon auch bei Gesprächen mit Polizei, Krankenhäusern u. a.

ZEITVERSCHIEBUNG

Für ganz Korea gilt die Zeitzone GMT+ 09:00, d.h. man ist Mitteleuropa 7 Std. voraus, im Winter 8 Std.

ZOLL

Reisende dürfen Waren im Wert von 400 US-Dollar zollfrei nach Korea bringen, 1 l Alkohol (Wein, Bier oder Hochprozentiges, nur Reisende über 20 Jahre), 200 Zigaretten und 50 Zigarren (Reisende über 19 Jahre) und zwei Unzen Parfüm. Bei der Ausreise müssen Geldmengen über 10 000 US-Dollar, egal in welcher Währung, deklariert werden. Gegenstände, die zum koreanischen Kulturerbe gehören, dürfen nicht ausgeführt werden. Weitere Auskünfte gibt es unter www.zoll.de, www.bmf.gv.at/zoll und www.zoll.ch sowie unter www.customs.go.kr.

Kartenatlas

Maßstab 1 : 1 300 000

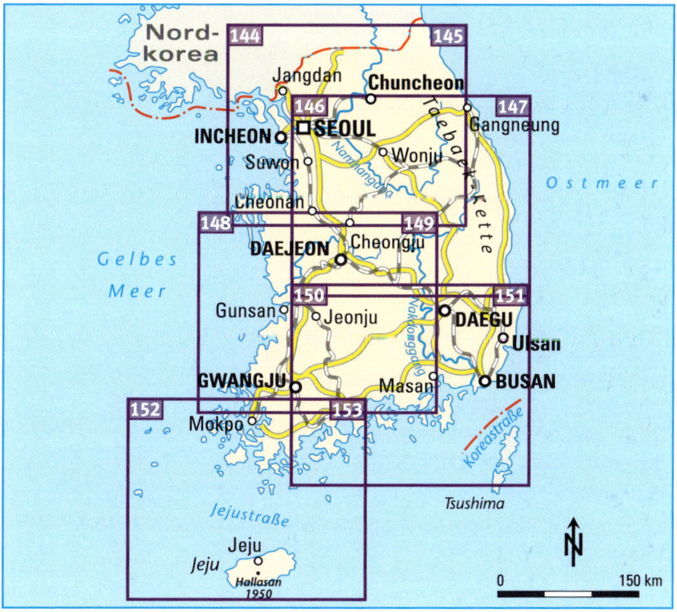

Legende

Sehenswürdigkeiten

MERIAN-TopTen	
MERIAN-Tipp	
Sehenswürdigkeit, öffentl. Gebäude	
Sehenswürdigkeit Kultur	
Sehenswürdigkeit Natur	
Kirche; Kloster	
Moschee	
Museum	
Markt	

Sehenswürdigkeiten ff.

Information	
Theater	
Post	
Nationalpark	
Quelle/Spa	
Strand	
Sumpf	
Höhle	
Tempel	
UNESCO-Welterbe	

Verkehr & Sonstiges

Autobahn	
AB-ähnliche Str.	
Fernverkehrsstraße	
Hauptstraße	
Nebenstraße	
Bahn	
Fähre	
Flughafen, Flugplatz	
U-Bahnhof	
Landesgrenze	
Provinzgrenze	

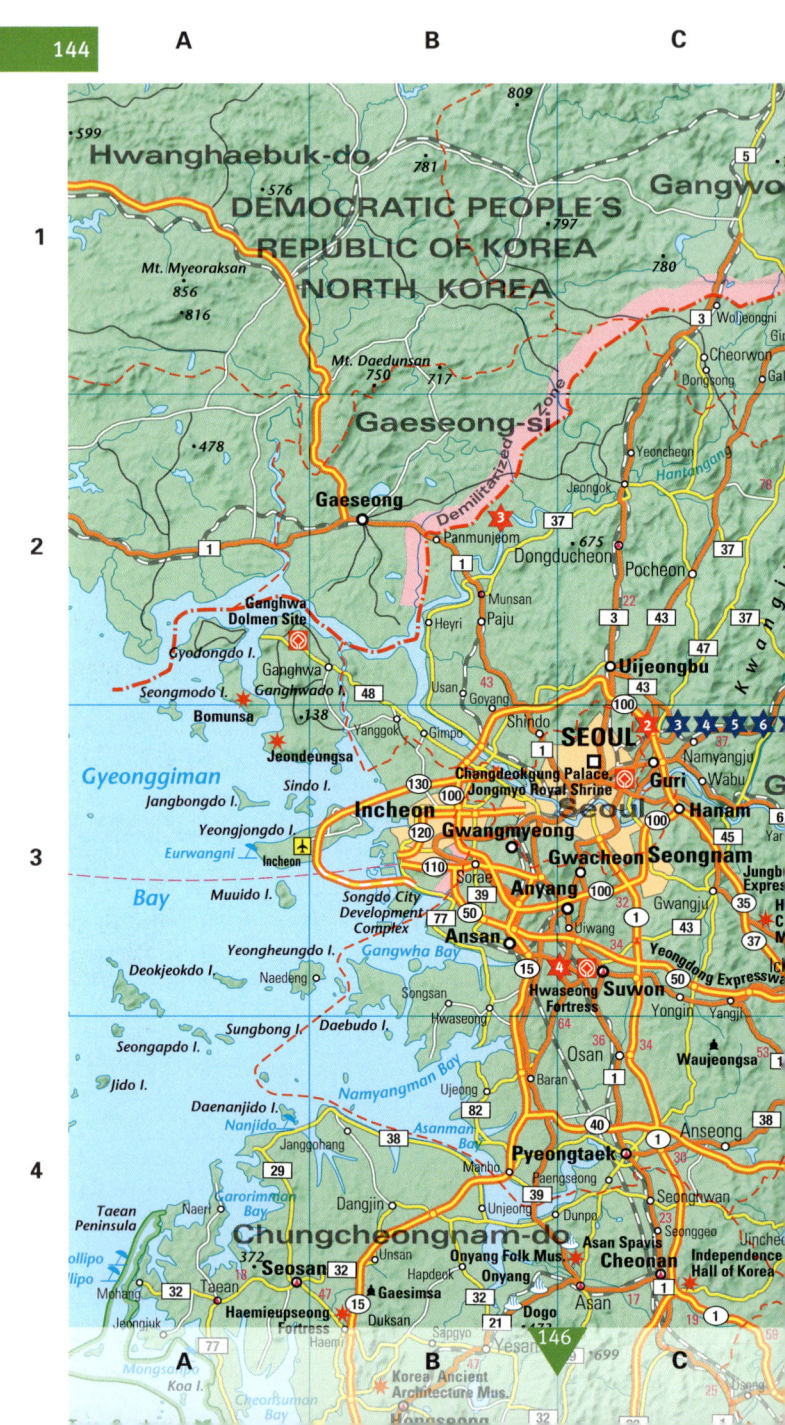

A   B   C

1

2

3

4

Hwanghaebuk-do

•599

•576

Mt. Myeoraksan
856
•816

DEMOCRATIC PEOPLE'S
REPUBLIC OF KOREA
NORTH KOREA

•781

•797

•780

809

5

Gangwo

3 Woljeongni

Cheorwon

Dongsong

Ga

Gir

Mt. Daedunsan
750 717

•478

Gaeseong-si

Yeoncheon

Hantongana

78

Jeongok

675

Kwang

Gaeseong

Panmunjeom

1
3 37
Dongducheon
Pocheon

37

1

Munsan

3 43

37

Heyri
Paju

47

Ganghwa
Dolmen Site

Gyodongdo I.

Seongmodo I. Ganghwado I.

Bomunsa

Ganghwa

•138

48

Usan 43
Govang

Yanggok Gimpo

Shindo

1

Uijeongbu

43

100

22

3 4 5 6

Namyangju

Wabu

37

G

Jeondeungsa

Sindo I.

Gyeonggiman

Jangbongdo I.

Yeongjongdo I.
Eurwangni

Bay

Muuido I.

Songdo City
Development
Complex

Yeongheungdo I.

Deokjeokdo I.

Seongapdo I.

Jido I.

Incheon

130

100

Incheon
120

110

Sorae
39

50

77

Ansan

Naedeng

Gangwha Bay

Changdeokgung Palace,
Jongmyo Royal Shrine

Gwangmyeong

Gwacheon

Anyang
100

Uiwang

32

15 4

Hwaseong
Fortress

SEOUL

Seoul

Guri

2

Hanam

100

6

Yar

45

Seongnam

Gwangju

43

34

Suwon

Yongin

50

Jungb
Expres

35

H
C
M

37 IC

Yeongdong Expressw

Yangji

Songsan

Hwaseong

36

34

Osan

Baran

1

Waujeongsa

53

1

Sungbong I. Daebudo I.

Namyangman Bay

Daenanjido I.

Nanjido I.

Janggohang

82

Asanman
Bay

38

Ujeong

Manho

40

1

Pyeongtaek

Anseong

38

38

Taean
Peninsula

Taean

ollipo
llipo

Mohang

Jeongjuk

32

29

Garorimman
Bay

Dangjin

372

Chungcheongnam-do

Seosan

Unsan

32

Hapdeok

38

Unjeong

39

Dunpo

Onyang Folk Mus.

Onyang

Paengseong

Seonghwan

25

Seonggeo

Unched

Asan Spavis

Cheonan

1

Independence
Hall of Korea

1

1

Naen

Taean

18

Haemieupseong
Fortress

32

Gaesimsa

47

15

Hapdeok

Duksan

Haemi

Sapgyo

32

21

Dogo

Yesan

Asan

17

19

699

1

Mongsanpo
Koa I.

Cheonbuman
Bay

Korea Ancient
Architecture Mus.

Hongseong

47

32

146

A   B   C

1267

•1109   Simpo

43

1358

Demilitarized Zone

1277

Demarcation Line 1953

1285

Mt. Daeamsan   1316

•1175

Geojin

Hwajinpo

7

Goseong

46

7   *Sampo*

47

45

Seorak Waterpia

Sokcho

5   Seoraksan National Park

Naksan Provincial Park

Imdang

31

Baekdamsa

Mt. Seoraksan

Cheoksan

5

Hwacheon

Mt. Samyeongsan

Yanggu

31

31

Inje

46

44

1708

Naksan Temple

Naksan

Yangyang

Jukdo

56

Paroho Lake

Chuncheon Lake

•1198

Osaek

Jumunjin

46

Chongpyong Temple

Soyangho Lake

48

7

75

5

62

•1191

31

1444

56

•446

59

53

Jumunjin

Chuncheon

Chuncheon Nat'l Museum

Namiseom I.

44

56

18

Odaesan National Park

65

Chamsori Edison Sei

Gyeor

Gangne

Bukhangang River

39

Sangwonsa Temple •1576

6   Ojukheon Municipal Mus.

55

5

Hongcheon

Hongcheon

Mt. Balgyosan 998

56

31

50

1457   Daegwallyeong

Yeongdong Expressway

37

onggi-do

44

Jungang Expressway

19

Jinbu

48

Yeongdong Expressway

•1055

37

5

56

6

50

Jangpyeong

41

59

1560

Gangwon-do

35

42

Hoengseong

61

Mt. Chiaksan 1288

42

•1350

Jeongseon

42

3

Sgn

•14

35

37

Mok-A Buddhist Museum

Wonju

Pyeongchang

Beopheungsa

Hwaamgul Cave

147

Go

Yeongneung Royal Tomb

42

50

Chiaksan National Park

93

31

38

59

Icheon

Yeoju

52

1087

19

23

Yeongwol

•1478

Taebaek

3

37

770

38

9

Jecheon

Gossi Cave

Sindong

31

Sangdong

1561

Mt. Taebaeksan

Taeba Mus.

26

Janghowon

29

45

Chungjuho Lake

55

5

59

Mt. Sobaeksan National Park

36

Geumwang

710•

Chungju

Danyang

1439

Buseoksa

31

21

Chungcheongbuk-do

3

Mt. Woraksan National Park

Gosu Cave

71

36

36

Eumseong

66

1162

Punggi

48

Bonghwa

34

Goesan

Mireuksa

Danyang

994

Jeungpyeong

19

Suanbo

•1076

59

Yecheon

Yeongju

35

36

Mungyeong Hall of Ceramics

Mungyeong

28

147

0   20 km

© MERIAN-Kartographie

Cheongju

Cheongju Nat. Mus.

37

National

Beopjusa Temple

19

Gaeun

Mungyeong

Andong

Andong Lake

N

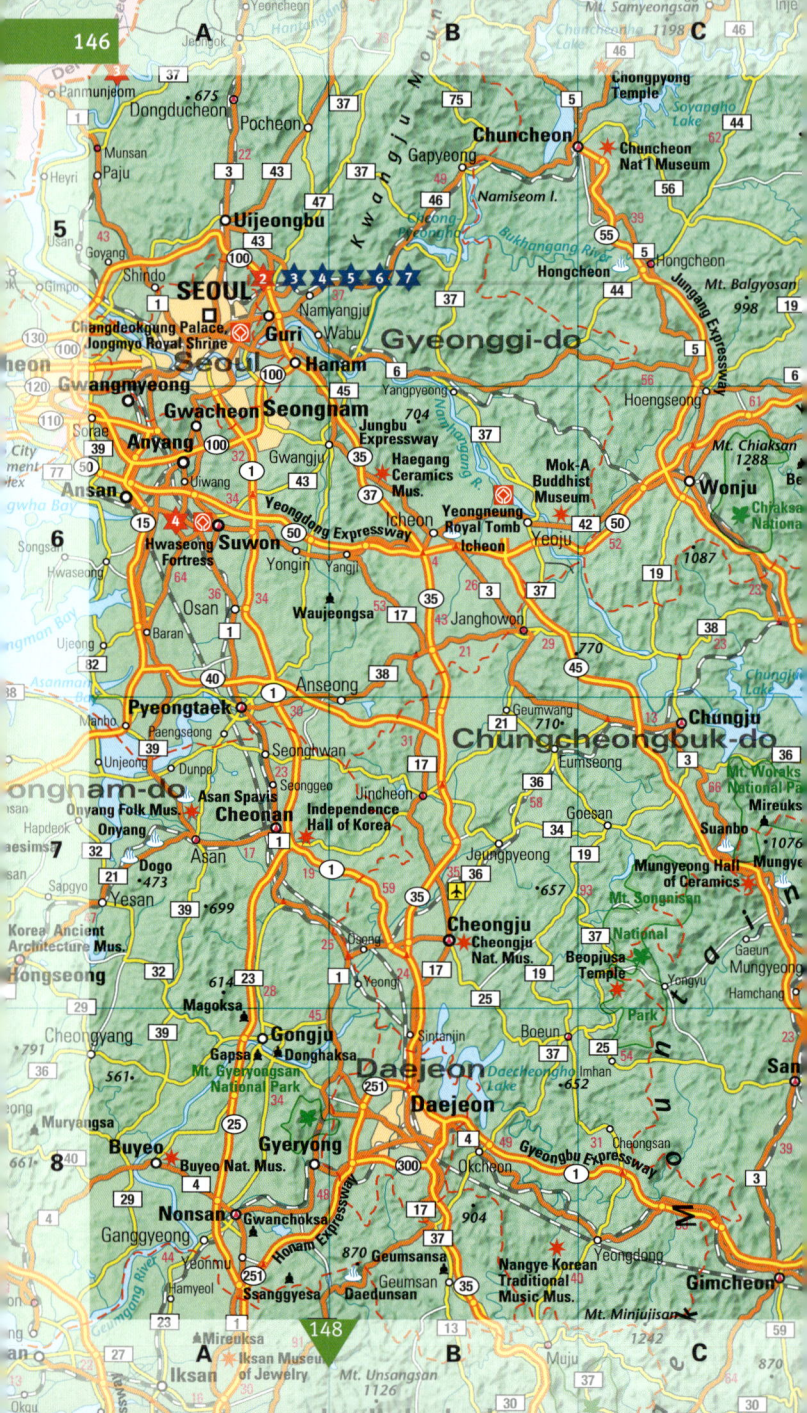

Naksan Temple
Osaek
Yangyang

Jumunjin

44 1708
D
E
F

31
1444
56
446
59
53
7
Jumunjin

18
56
Sangwonsa Temple
1576
6
31
Ojukheon Municipal Mus.
65
Chamsori Gramophone Edison Science Museum
Gyeongpodae
Gangneung

50
Jinbu
50
Daegwallyeong
1457
Yeongdong Expressway
Jeongdongjin
65
5

Gangwon-do
59
Jangpyeong
41
1055
35
42
Mukho
Donghae
Mangsang
Ulleung-do
8
Ulleung-do

1560
1350
42
Jeongseon
59
Hwaamgul Cave
35
Samhwa
1404
Samcheok

42
31
59
Yeongwol
38
59
Gohan
1478
38
Taebaek
53
Dogye
1267
Jangho
7
Wondeok

Gossi Cave
Sindong
31
Sangdong
1561
Mt. Taebaeksan
35
31
Taebaek Coal Mus.

Yecheon
39
55
5
Mt. Sobaeksan National Park
1439
Danyang
Gosu Cave
71
Buseoksa
Deokgu
Uljin
62
36
Mangyang

62
Danyang
Punggi
48
Bonghwa
36
Seongnyugul Cave
36

59
Yecheon
28
Yeongju
994
1219
88
Pyeonghae
Hupo

Yecheon
34
32
870
35
Andongho Lake
31
1017
Baegamsan
Yeongyang
Baekseok
7
Daejin
31

28
Pungsan
5
Andong
Jebiwon
Jirye
9
Imha
84
34
933
Yeongdeok
Goraebul

Byeongsan Seowon
59
55
Hahoe Village
6
31
Cheongsong
Mt. Juwangsan National Park
871
Gyeongbo Fossil Mus.
930
Jangsa
Hwajin

59
701
Gwaneumsa
Uiseong
7
48
Chilpo

Jungang Expressway
Tapsan
35
31

Seonsan
25
Gunwi
879
68
43
Muhaksa
1124
Yeongil Folk Museum

33
23
28
Gyeongsangbuk-do
Pohang
Yeonghanman

Gumi
55
Iksam-Pohang Expressway
6

4
1
5
149
Angang
Oeryong
20 km
0

Waegwan
D
Gilgok
E
80
Donghwasa
Palgongsan
Geumho
Yeongcheon
28
Gangdong
© MERIAN-Kartographie
N

33
Hayang
Gcheon
4

A B C

Chungcheongnam-do

Taean Peninsula

Cheollipo
Mallipo

Naeri

Dangjin

Unsan

Paengseong

Dunpo

Onyang Folk Mus.

29

39

Ch

Asan

Mohang

32

Taean

18

372

Seosan

32

47

Gaesimsa

15

Hapdeok

Onyang

47

Dogo

473

21

32

Jeongjuk

Haemieupseong
Fortress

Haemi

Duksan

Sapgyo

Yesan

699

39

77

Mongsanpo

Koa I.

*Cheonsuman
Bay*

Korea Ancient
Architecture Mus.

32

614

9

Taean Seashore
National Park

Anmyeon

Hongseong

21

Magoks

*Anmyeondo
Island*

Anmyeondo
Natural
Recreation
Forest

40

Cheongyang

29

39

Gap
Mt. Gy
Nat

791

Kkotji

36

561

Changgo I.

15

35

Boryeong

Sapsido I.

Wonsando I.

Muryangsa

Ho I.

Daecheon

661

40

Buyeo

2

Nok I.

Muchangpo

Buyeo N

4

Mysterious
Sea Road

29

Nonsan

10

Seocheon
Marine Museum

Biin

21

4

Ganggyeong

Yeonmu

44

Hamyeol

Seocheon

Mire

Janghang

23

G e l b e s

Gunsan

27

Iksan

16

13

22

Okgu

26

Mangyeong

Jeonju Nat.
Museum

Seonyudo I.

Gimje

Byeonsan

Buan

23

Seohaean Expressway

793

Byeonsan Peninsula
National Marine Park

509

23

Sintaein

1

M e e r

Byeonsan

29

Byeonsan

444

25

30

Wido I.

30

Jeongeup

Kalto
Lake

Mt. Naejangsan
National Park

11

Seonunsa

22

Baegyangsa

ory

Gochang
Dolmen Site

Gochang

25

*Jangseong
Lake*

Hongnong

Gochang
Pansori
Museum

23

Korea Bamboo Mus.

10

Damyang

Baeksu

Jangseong

24

29

Baegam

77

Yeonggwang

Gwangju Nat. Mus.

Olv

*Hampyeongman
Bay*

23

13

Changpyeo

*Imjado
Island*

15

22

Gwangju

Hw

24

Gwangju

1

12

319

24

Hampyeong

452

Nampyeong

Bongdok Lake

Hwasun

Jido

Jeungdo I.

Naju

Hwasun
Dolmen
Site

29

15

*Jaeundo
Island*

Muan

1

Unjusa

364

318

Apaedo I.

21

29

150

Jeollanam

*Amtaedo
Island*

355

Dadohae

Mokpo

Muan

23

Bia
amdo
Island

Palgeumdo I.

National Maritime
Mus. Wang In's

A B C

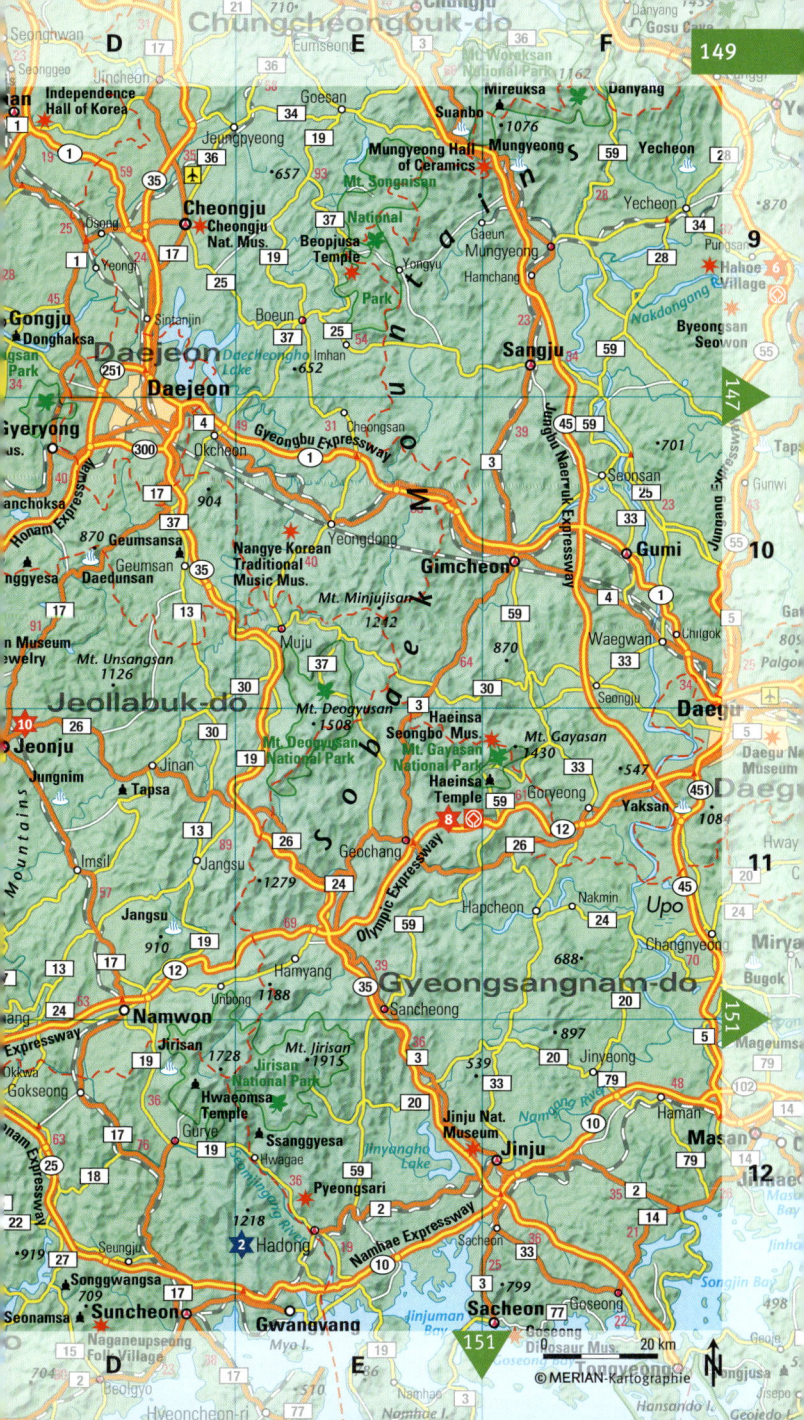

Chungcheongbuk-do

Seonghwan
Independence
Hall of Korea
Seonggeo
Uincheon
D 710
21
17
Goesan
Eumseong
Jeungpyeong
34
657
Cheongju
Cheongju
Nat. Mus.
19
Daejeon
Gyeryong
us.
Gongju
Donghaksa
251
Daejeon
Geumsansa
Daedunsan
Jeollabuk-do
Jeonju
Jungnim
Tapsa
Jangsu
Imsil
Namwon
Jirisan
Gwangyang
Suncheon
Songgwangsa
Seonamsa

E
Danyang
Mt. Woraksan
National Park 1162
Gosu Cave
Mireuksa
Suanbo
1076
Mungyeong Hall
of Ceramics
Mt. Songaisan
Beopjusa
Temple
National
Park
Gyeongbu Expressway
Cheongsan
Yeongdong
Nangye Korean
Traditional
Music Mus.
Mt. Minjujisan
1242
Muju
Mt. Deogyusan
1508
Mt. Deogyusan
National Park
Haeinsa
Seongbo Mus.
Mt. Gayasan
National Park
Haeinsa
Temple
Geochang
Olympic Expressway
Hamyang
Unbong
Mt. Jirisan
1915
Jirisan
National Park
Hwaeomsa
Temple
Ssanggyesa
Hwagae
Pyeongsari
Hadong
Naganeupseong
Folk Village

F
Danyang
Mungyeong
Yecheon
Yecheon
Hahoe
Village
Byeongsan
Seowon
Sangju
Gumi
Waegwan
Daegu
Gimcheon
Goryeong
Yaksan
Hapcheon
Changnyeong
Gyeongsangnam-do
Jinju Nat.
Museum
Jinju
Masan
Sacheon
Goseong
Dinosaur Mus.

20 km

© MERIAN-Kartographie

Nonsan
Gwanchoksa
Yeongdong

A B 904 C

Geumsansa 870 Geumsan
Yeonmu Hamyeol 251 Ssanggyesa 37 Daedunsan 35 Traditional 40 Nangye Korean Gimcheon
Mireuksa Iksan Museum 91 Mt. Unsangsan Muju Mt. Minjujisan 1242 870 59
27 of Jewelry 1126 37 Mt. Deogyusan 64 30 Haeinsa
Iksan 26 30 30 1508 3 Seongbo Mus. Mt. Gayasan
Jeonju Nat. Jeollabuk-do Mt. Deogyusan National Park Haeinsa
Gimje Museum 26 30 National Park 59 Temple
Jeonju 460 19 8 26
13 Jungnim Jinan Tapsa 19 26 Geochang
1 793· 27 Imsil 13 89 24 Olympic Expressway Hapcheon
444 25 30 Kaltam 57 Jangsu ·1279 59
Jeongeup Lake Jangsu 19 69 Gyeongsan
Mt. Naejangsan 910 12 Hamyang 39
National Park 17 Unbong 1188 35 Sancheong
Baegyangsa 27 13 19 Namwon Jirisan Mt. Jirisan 1915 539
Korea Bamboo Mus. Damyang 24 Sunchang Jirisan 33
Jangseongho Lake Okkwa 19 1728 National Park 20 Jinju Nat.
10 Damyang Olympic Expressway Gokseong 36 Hwaeomsa Museum
Nat. Mus. 24 29 28 Honam Expressway Temple 19 Ssanggyesa Jinju
Gwangju Changpyeong 63 17 Gurye Hwagae 59
Hwasun 25 76 19 Pyeongsari 2
Gwangju 1 18 Namhae Expressway 33
15 Hwasun 22 ·919 Seungju 1218 Sacheon
Hwasun Songju 27 2 Hadong 10 25
Dolmen 29 Lake Songgwangsa 17 Namhae Expressway 3 ·799 Sacheon
Site 709 Suncheon Myo I. Go
Unjusa 15 Seonamsa Gwangyang Jinjuman Dir
Jeollanam-do 614· 18 Naganeupseong 38 786 19 Bay Goseong
Folk Village 17 ·510 Namhae
704 2 Beolgyo 77 Namhae I. Boriam
Tea Plantation 18 Hyeoncheon-ri Yeosu Bay Namhaedo I.
473· Boseong Chang I. Yeosu
Yulpo Suncheonman Bay Dolsando Dumido
77 Boseongman 54 Goheung ·609 364 Island Yeondo I.
Bay Yulpo 44 Hyangiram
23 Gwansan 555 27 77 Sayang Geumodo I. Ando I. Dadohae Maritime
723· Doyang Naenarodo I. National Park
Daedeok Geumdangdo I. Geogeumdo 77 Oenarodo Yeondo I.
16 Joyakdo I. Island Island
·421 Geumil Dadohae
Sinjido I. National Park
Wando

Dadohae Maritime
emodo I. National Park

153 Suman I.

A B C

Cheongsando Dadohae Maritime
Island National Park

Island

Jido

Jeungdo I.

C 319

A
B
C

Jaeundo Island

Apaed

364

Amtaedo Island

357

Dado

17

Dadohae Maritime National Park

Dadohae Maritime National Park

Bigeumdo Island

Palgeun

Dochodo Island

2

Anjwado I.

Hongdo I.

Heuksando I.

Uido Islands

Hauido I.

Heuksando Islands

Uido I.

2

Jangsando I.

Sangtaedo Island

Jindo

Shinangun Islands

Jindo Isl

18

18

Sangjodo I.

231

Hajodo I.

Dadohae Maritime National Park

Gwanmaedo I.

Gageodo I.

19

J e

20

Jeju

Aewo

Gwakji

Hallim

Hyeopjae

232

56

Geumneung

12

San

Chocolate Castle

17

Daejeong

Exhibition of Hame Merchant Ship

A
B
C

Bay

Dampyeong   Gwangju

Muan   Hwasun

Naju   Hwasun   Songgwangsa

Hwasun Dolmen Site   Songgwangsa   709   Suncheon

Unjusa   Seonamsa   Naganeupseong Folk Village

Jeollanam-do   Beolgyo

Muan   National Maritime Mus.   Hyeoncheon-ri   Chang I.   Myo I.

Wang In's Birthplace   Yeongam   Taeya   Boseong   Yeosu

Woelchulsan National Park   Tea Plantation   Yulpo

Haenam Bay   Jangheung   Boseongman Bay   Goheung

Haenam Development Complex   Gangjin   Yulpe   Doyang

Samho   Haenam   Gangjin Museum of Celadon Materials   Gwansan   Naenarodo I.

Daeheungsa   Daedeok   Sayang   Oenarodo Island

Mihwasa   Geumdangdo I.   Geogeumdo Island   Dadohae Maritime National Park

Mysterious Sea Road   Ioyakdo I.   Geumil

Sinjido I.   Wando Island   Wando   Dadohae Maritime National Park

Nohwado Island   Nohwa   Daemodo I.   Dadohae Maritime National Park   Suman I.

Bogildo Island   Cheongsando Island   Dadohae Maritime National Park   Tong I.

Chujado I.

u s t r a ß e

Hamdeok   Sehwa

Iho   Jeju   Jocheon   Gujwa

Manjanggul   Udo I.   Seongsan

Jeju Nat. Museum   Odnog   Seongsan Ilchulbong   Seopjikoji

Mt. Hallasan   Seongeup

Hallasan Nat. Park   Pyoseon   Sinyang Pyoseon

ulloc Mus.   Namwon   **Jeju Island (Quelpart I.)**   JAPAN

gulsa   Jeju Folk Village Museum

Seogwipo   Museum of Film   Olle-Pfade

eddy Bear Mus.   Jungmun

0   20 km

© MERIAN-Kartographie

D   E   F

18

19

20

Kartenregister

Orts- und Sachregister

Wird ein Begriff mehrfach aufgeführt, verweist die **fett** gedruckte Zahl auf die Hauptnennung, eine *kursive* Zahl auf ein Foto.
Abkürzungen:
Hotel [H]
Restaurant [R]

Liebe Leserinnen und Leser,
vielen Dank, dass Sie sich für einen Titel aus unserer Reihe MERIAN *live!* entschieden haben. Wir freuen uns, Ihre Meinung zu diesem Reiseführer zu erfahren. Bitte schreiben Sie uns an merian-live@travel-house-media.de, wenn Sie Berichtigungen und Ergänzungen haben – und natürlich auch, wenn Ihnen etwas ganz besonders gefällt.

Alle Angaben in diesem Reiseführer sind gewissenhaft geprüft. Preise, Öffnungszeiten usw. können sich aber schnell ändern. Für eventuelle Fehler übernimmt der Verlag keine Haftung.

Dr. Renate Soeder schrieb die Kapitel »Einkaufen«, »Feste und Events«, »Seoul und der Nordwesten«, »Zentralkorea« und »Der Südosten«. **Jan Janowski** schrieb die Kapitel »Wilkommen«, »Übernachten«, »Essen und Trinken«, »grüner reisen«, »Sport und Strände«, »Im Fokus, »Der Nordosten«, »Der Südwesten und Jeju-do« und »Wissenswertes«. Für diese Auflage wurde der Reiseführer von **Peter Messingfeld** (S. 1–72) und **Marcus Pfeiffer** (S. 73–142) aktualisiert.

© 2015 TRAVEL HOUSE MEDIA
GmbH, München
MERIAN ist eine eingetragene Marke der
GANSKE VERLAGSGRUPPE.

**BEI INTERESSE AN DIGITALEN DATEN
AUS DER MERIAN-KARTOGRAPHIE:**
kartographie@travel-house-media.de

**BEI INTERESSE AN
ANZEIGENSCHALTUNG:**
KV Kommunalverlag GmbH & Co KG
MediaCenterMünchen
Tel. 0 89/92 80 96–0
info@kommunal-verlag.de

TRAVEL HOUSE MEDIA
Postfach 86 03 66
81630 München
merian-live@travel-house-media.de
www.merian.de

PROGRAMMGESCHÄFTSFÜHRUNG
Dr. Michael Kleinjohann
VERLAGSLEITUNG
Dr. Malva Kemnitz
PROJEKTLEITUNG
Verónica Reisenegger
Tel. 0 89/45 00 09-9 12
veronica.reisenegger@travel-house-media.de
PROJEKTMANAGEMENT
Leo Molatore
**REDAKTION, LEKTORAT,
BILDREDAKTION, SATZ**
Eva Stadler
SCHLUSSREDAKTION
Dr. Anita Meschendörfer
REIHENGESTALTUNG
Independent Medien Design,
Elke Irnstetter, Mathias Frisch
KARTEN
Gecko-Publishing GmbH
für MERIAN-Kartographie
DRUCK UND BINDUNG
Firmengruppe APPL, aprinta
Druck, Wemding

3., überarbeitete Auflage

Ein Unternehmen der
GANSKE VERLAGSGRUPPE

PEFC/04-32-0928

BILDNACHWEIS Titelbild (Bongeunsa-Tempel, Seoul)
Alle Fotos: © Korea Tourism Organization, außer: © age fotostock / LOOK-foto 34